Informatik macchiato

**Unser Online-Tipp
für noch mehr Wissen ...**

... aktuelles Fachwissen rund um die Uhr – zum Probelesen, Downloaden oder auch auf Papier.

www.InformIT.de

Inhalt

Vorwort   **7**
     Bevor wir richtig anfangen ...

1. **0 oder 1 – der kleine Unterschied**   **13**
     Binäre Codierung

2. **Über Schlangen, Keller und Bäume**   **29**
     Datenstrukturen

3. **Das Informatik-Kochstudio**   **47**
     Algorithmen

4. **Ich krieg gleich Zustände**   **63**
     Automaten

5. **Wenn es klappt, dann kann es dauern**   **75**
     Berechenbarkeit und Komplexität

6. **Ohne meine Software tue ich nichts**   **95**
     Computerprogramme und Sprache

7. **Organisation mit Her(t)z**   **109**
     Rechnerarchitektur

8. **Steuermann an Board**   **125**
     Betriebssysteme

9. Bilder lügen nicht...?   **143**
   Computergrafik

10. Daten auf Reisen – in 80 Sekunden um die Welt   **161**
   Computernetze und das Internet

11. Cäsar, Asterisk und die geheimen Schlüssel   **183**
   Kryptographie

Stichwortverzeichnis   **203**

Vorwort

Warum Sie sich auf dieses Informatikbuch freuen dürfen

Mit Latte macchiato hat der Espresso auch in unseren Breitengraden in den letzten Jahren viele neue Freunde gewonnen, denn der große Anteil an Milch macht den Espresso leichter bekömmlich. Genauso wie die Milch im Latte macchiato versucht dieses Buch, das Espressokonzentrat Informatik etwas aufzumischen, die oft undurchschaubare Funktionsweise von Computern für untrainierte Leser und Leserinnen durch lustige, anschauliche Beschreibungen und Vergleiche leichter verdaulich zu machen.

Wie die anderen Macchiato-Bücher hat auch Informatik-Macchiato das Ziel, Sie auf eine Entdeckungsreise mitzunehmen. Auf unserem Weg werden wir dann die Funktionsweise eines Computers und womit sich InformatikerInnen beschäftigen mit Hilfe vieler Cartoons und von bildlichen Darstellungen besser verstehen lernen.

Wer das Ganze geschrieben hat

Ein komplexes Thema wie die Informatik mit vielen verschiedenen Facetten kann am besten von verschiedenen Experten dargestellt werden. Und diese Experten findet man in jener Stadt, die mit dem Heinz-Nixdorf-Museumsforum das größte Computermuseum der Welt beherbergt: in Paderborn, an der Universität der Informationsgesellschaft. Da sich die Mitglieder des Teams sehr für „begreifbare Informatik" interessieren und sich ihre Büros im gleichen Gebäudekomplex wie das Museum befinden, gibt es eine gute Zusammenarbeit.

Dieses „Dreamteam" besteht aus:

Johannes Magenheim, Professor für Didaktik der Informatik an der Universität Paderborn. Er bildet schon seit Jahrzehnten zukünftige Informatiklehrer aus. Er hat ein Team von Autoren zusammengestellt, die ihre Stärken in fachlicher oder fachdidaktischer Sicht in die einzelnen Kapitel einbringen konnten. **Michael Dohmen**, Oberstudienrat, seit sechs Jahren bei der Forschergruppe „Didaktik der Informatik" an der Universität Paderborn, hat jahrelange Erfahrung als Informatiklehrer am Gymnasium und kennt deshalb die Stolpersteine, die nicht

Vorwort

nur Schülerinnen und Schülern, sondern auch Studierenden Schwierigkeiten bereiten. **Leopold Lehner**, promovierter Bildungsinformatiker und ebenfalls Mitarbeiter der Didaktik-Gruppe, hat schon Generationen von Studenten unterrichtet und kennt die Probleme der Lehramtsstudenten in- und auswendig. **Wolfgang Reinhardt**, Dipl.-Informatiker, bildet studentische Tutoren in der Informatik aus und muss dabei immer fachliche und didaktische Ziele im Blick haben. **Katharina Stahl**, Dipl.-Informatikerin, ist unsere Spezialistin in technischer Informatik, sie weiß, wie Computer ticken. **Tim Süß**, Dipl.-Informatiker, ist unser Fachmann für Kryptografie, aber er hat seine Kapitel nicht wie ein Buch mit sieben Siegeln verschlüsselt, sondern im Klartext geschrieben!

Thomas A. Müller, selbstständiger Grafikdesigner, Illustrator und Cartoonist, hat mit großer Einfühlungsgabe die Zeichnungen gestaltet, die durch ihren Witz und die originelle Darstellung die Texte bereichern und lebendig machen. Thomas A. Müller ist der Erfinder der Möpfe, der kleinen, gelben und knuddeligen Wesen, die für ihr Leben gern Käse und Werbung futtern.

Wie das Buch entstand

Ein Buch entsteht nicht in einer Nacht, sondern hat einen langen Reifungsprozess. Gerade in einem Autorenteam waren tagelange, ja manchmal monatelange Diskussionen über einzelne Kapitel notwendig, um dem Text den letzten Schliff zu geben. Und es ist auch für einen „Experten" nicht immer einfach, die eigentlich auf formaler Ebene klaren Inhalte so zu verpacken, dass sie jede Leserin und jeder Leser verstehen kann und keine falschen Vorstellungen vermittelt werden! Und danach mussten wir zusammen mit dem Illustrator Thomas A. Müller noch geeignete Zeichnungen suchen! Und nach 17 Monaten war es dann so weit: Die letzten Bilder entstanden in einer Nachtarbeit, knapp vor der Geburt eines Kindes der Autorin. Auch die nächste Generation hat also schon mitgearbeitet ...

Mit wem Sie es hier zu tun haben

Begleiten Sie die Geschwister Lisa und Tom auf ihrer Entdeckungsreise durch den Computer. Lisa ist eine freche Göre, ein Hans Dampf in allen Gassen, aber sie ist auch künstlerisch und technisch begabt. Deshalb stellt sie häufig kritische Fragen zum Gebrauch des

Vorwort

Computers, die ihr Bruder Tom zu beantworten versucht. Er ist zwar ruhiger als Lisa, aber technisch interessiert und kann deshalb Lisas Fragen meist beantworten.

Bei vielen Fragen, die Tom und Lisa nicht beantworten können, helfen Miss Digit und Speedy Bit, die zu schwierigen Sachverhalten immer eine pfiffige Erklärung oder einen ungewöhnlichen Vergleich parat haben für das, was uns im Computer begegnet. Sie haben auch viele kleine Helfer – die Gatterle – die für Miss Digit und Speedy Bit „arbeiten" müssen.

Alle diese Figuren haben den Zweck, verschiedene Aspekte der Informatik anschaulich zu erklären und Ihnen durch Humor und Aha-Erlebnisse das Lesen des Buchs so anregend und angenehm wie möglich zu gestalten.

Für wen und wozu dieses Buch gedacht ist

Das Buch ist vor allem für die Menschen gedacht, die Informatik plötzlich „brauchen". Manche merken vielleicht gerade erst kurz vor dem Abitur, dass ihnen der Durchblick vor etlicher Zeit verloren gegangen ist. Andere haben Informatik in der gymnasialen Oberstufe gar nicht gehabt oder abgewählt und stellen nun entsetzt fest, dass in ihrem Studiengang informatische Grundkenntnisse verlangt werden. Ihnen soll das Buch einen Zugang zur Informatik erleichtern. Es führt sie auf sanfte Weise ohne viel Mathematik zu den grundlegenden Begriffen und Denkweisen der Informatik. Damit wird auch für diejenigen, die später tiefer in die Materie einsteigen möchten, eine Verständnisbasis geschaffen. Natürlich

Vorwort

freuen wir uns, wenn die Lektüre nicht nur Praktikern, die Informatik im beruflichen und privaten Alltag benötigen, gefällt, sondern auch jenen, die Informatik nicht unbedingt brauchen, aber „es" schon mal wissen wollen, worum es da eigentlich geht.

Wie Sie dieses Buch lesen sollten

Wir wollen Ihnen nicht vorgaukeln, Informatik sei einfach und leicht und komme ganz ohne Mathematik aus. Man kann zwar Grundlagen verständlich und anschaulich an Beispielen und Analogien erklären. Wenn es aber darum geht, das gewonnene Verständnis zu präzisieren und auf neue Sachverhalte anzuwenden, braucht man einen Grundstock von formalen, vor allem mathematischen Methoden. Wir haben bewusst versucht, diese Hürde möglichst niedrig zu halten, deshalb gibt es auch kaum Formeln in diesem Buch. Wichtig ist, dass Sie Ihr Augenmerk auf die dargestellten Zusammenhänge richten.

Wichtige Begriffe und Definitionen haben wir mit dem Beachte-Zeichen gekennzeichnet. Hier lohnt es sich, genauer hinzusehen, denn hier werden die Inhalte kurz und knapp zusammengefasst.

Wir haben zwar versucht, Themen ausführlich darzustellen, die auch langfristig in der Informatik wichtig bleiben. Häufig müssen wir jedoch in einem Buch aus Platzgründen durchaus erwähnenswerte Dinge weglassen. Deshalb ist dieses Buch auch nur zum „Reinschnuppern" gedacht. Wer mehr zu einzelnen Themen wissen möchte, findet an den entsprechenden Stellen einen Hinweis auf zusätzliches Material im Internet unter www.pearson-studium.de.

Danke!

Dank dem Verlag Pearson Studium für den Mut, dieses Buch in der Reihe zu veröffentlichen. Dieser Dank gilt insbesondere Frau Irmgard Wagner, die als Lektorin den Entstehungsprozess kritisch anregend begleitete und unermüdlich unterstützte.

Vorwort

Dank an den Fachlektor Professor Karl C. Posch vom Institut für Angewandte Informationsverarbeitung und Kommunikationstechnologie der Technischen Universität Grazfür für die Durchsicht des Manuskripts und die daraus entstandenen Anregungen.

Dank an Freunde, Bekannte und Studenten, die die Kapitel zur Probe gelesen und Anregungen zu Verbesserungen gegeben haben.

Der allergrößte Dank geht aber an Sie, liebe Leserin, lieber Leser! Sie sind entschlossen, sich mit den Tiefen des Computers und der Informatik zu beschäftigen – und sie lesen sogar dieses Vorwort. Bitte: Wenn Sie Spaß, Einsichten und Erfolgserlebnisse dabei hatten, sagen Sie's weiter. Wenn nicht, sagen Sie's uns. Wir würden uns freuen, von Ihnen zu hören, wie die weitere Lektüre Ihnen gefallen hat, und sind neugierig auf Ihre Kommentare. Sie wissen ja: Im Internetzeitalter sind Buchautoren nur einen Mausklick von Ihnen entfernt.

http://ddi.upb.de   **http://www.littleart.de/**

Nun aber los: Viel Vergnügen bei Ihrer Entdeckungsreise durch die Informatik und den Computer mit Lisa, Tom, Bits, Digits und Gatterles!

KAPITEL I

0 ODER 1
DER KLEINE UNTERSCHIED

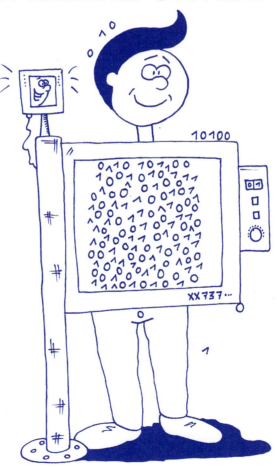

0 oder 1 – der kleine Unterschied
Binäre Codierung

Binäre Codierung | I

Schallwellen werden auf einer **CD** (Compact Disk) **digital** gespeichert. Dazu haben CDs eine spiralförmig von innen nach außen verlaufende Spur mit einer Breite von einem halben Mikrometer = 0,5 µm = 0,0005 mm (1 µm = 1/1000 mm). Diese Spur dient dazu, den Laserstrahl zu leiten.

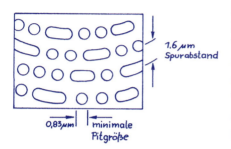

Beim Schreiben der CD brennt ein Laser an bestimmten Stellen eine kleine Vertiefung in die CD-Oberfläche. Es gibt also Stellen, an denen eine Vertiefung eingebrannt ist (Techniker nennen so eine Vertiefung „**pit**"), und es gibt Stellen, an denen keine Vertiefung eingebrannt ist („**land**" genannt).

I | 0 oder 1 - Der kleine Unterschied

Das Prinzip der digitalen Tonaufzeichnung

Auf Schallplatten und Audiokassetten sind die Schallwellen eines Musikstücks analog festgehalten. Sie sind durch zwei Parameter charakterisiert:

- die Anzahl der Schwingungen pro Zeiteinheit (Frequenz) und
- die Höhe der Ausschläge (Amplitude).

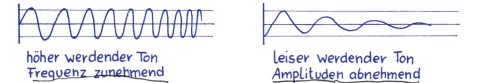

Bei der Digitalisierung werden nun die Ausschläge (**Amplituden**) dieser (analogen) Schallwelle von einem sogenannten **Analog-Digital-Wandler** (auch: AD-Wandler) in Abständen von Sekundenbruchteilen gemessen. Die einzelnen Messungen geben an, wie hoch zum jeweiligen Zeitpunkt der Wellenberg ist. Diese Zahlen (Höhen) aneinandergereiht ergeben eine Zahlenfolge, die der **AD-Wandler** in seinem Speicher ablegen kann.

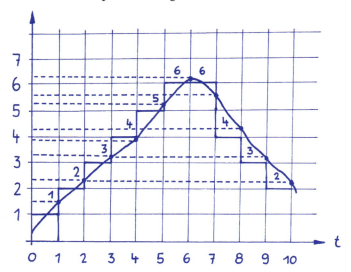

Die Skizze zeigt das Prinzip der Transformation einer analogen Schallwelle in die dezimale Zahlenfolge 1 2 3 4 5 6 6 4 3 2.

Die Amplitude der Klangkurve wird hier zehnmal pro Zeiteinheit gemessen oder technisch ausgedrückt: Die Schwingung wird zehnmal pro Zeiteinheit abgetastet. Jede einzelne Messung repräsentiert als sogenannter „**Sample**" den ermittelten Zahlenwert.

Es fällt auf, dass diese Messungen nur näherungsweise den tatsächlichen Schwingungsverlauf widerspiegeln (Experten sprechen von einer **Approximation** der Kurve):

Einerseits hat die Abtastung in bestimmten Zeittakten zur Folge, dass Zwischenwerte zwischen zwei Messungen nicht erfasst werden, andererseits sind in unserem Beispiel als Messergebnisse nur (ganze) Zahlen von 0 bis 7 vorgesehen. Das macht Rundungen erforderlich, so dass benachbarte Samples im Gegensatz zum tatsächlichen Schwingungsverlauf denselben Wert annehmen können.

Überlegungen zur Verbesserung der Approximation:

- Verfeinerung der Rasterung für den Messbereich, d.h. Erweiterung des Wertebereichs für die Messwerte
- Verkürzung der Messintervalle. Mehr Messungen pro Zeiteinheit können die Schwingung präziser nachbilden.

Die Anzahl der Messungen pro Zeiteinheit von 10 auf 20 verdoppelt und gleichzeitig die Anzahl unterscheidbarer Messwerte erhöht, ergibt folgendes Bild:

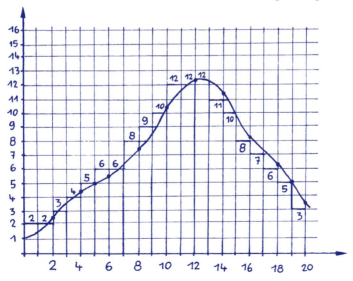

Für denselben Tonausschnitt fallen hierbei nicht nur doppelt so viele, sondern auch noch größere Zahlen an, die entsprechend Speicher beanspruchen.

Für die Verbesserung der Approximation sind also zwei Parameter entscheidend, welche die Qualität der Digitalisierung bestimmen: die **Samplingfrequenz** und die **Quantisierung**.

Die Samplingfrequenz oder **Abtastrate** gibt in Kilohertz (1 Khz = 1000-mal pro Sekunde) an, wie oft ein analoges Tonsignal abgetastet und in einen entsprechenden digitalen Zahlenwert (oder umgekehrt bei der Wiedergabe) umgewandelt wird.

Zur Reproduktion einer bestimmten Frequenz muss die Abtastrate mindestens doppelt so hoch sein wie die Frequenz. Wenn die Audiodaten beispielsweise Frequenzen bis zu 8000 Hz enthalten, muss eine Abtastrate von 16.000 Samples pro Sekunde gewählt werden, damit die Daten in digitaler Form richtig dargestellt werden.

Je höher die Abtastrate gewählt wird, desto höhere Töne können gespeichert werden. Das menschliche Ohr kann Hörschall von 20 Hz bis 20.000 Hz (= 20 Khz) wahrnehmen, was eine Abtastrate von 40.000 Samples pro Sekunde erfordert. Für die sogenannte CD-Qualität wird eine Samplingfrequenz von 44,1 Khz verwendet, gleichbedeutend mit 44.100 Messungen pro Sekunde.

Die Quantisierung oder **Auflösung** legt den Wertebereich für die Messungen fest, die zur Speicherung eines digitalen Zahlenwerts (Samples) zur Verfügung stehen. Sie beeinflusst die Genauigkeit der Messung: Je größer dieser Wertebereich festgelegt wird, desto höher ist die Qualität bei der Wiedergabe.

Binäre Codierung

Zur Digitalisierung von Tönen haben wir vorhin eine analoge Schwingung als Folge von Zahlenwerten aus dem uns vertrauten Dezimalsystem dargestellt.

Mit nur zehn Zeichen, den Ziffern von 0 bis 9, können beliebig große Zahlen dargestellt werden, wobei der Stellenwert einer Ziffer von deren Position innerhalb der Zahl abhängt (deswegen auch Stellenwertsystem genannt).

Beispiel: die Zahl 1234

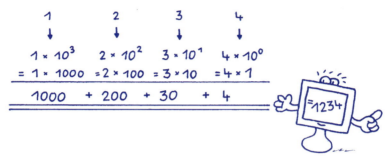

Uns Menschen gefällt dieses System besonders gut, weil es am besten zu unseren zehn Fingern passt. Aber wie sieht das mit digitaler Musik auf einer CD aus?

Digital ist abgeleitet vom Lateinischen „digitus" = der Finger (der zum Zählen benutzt wird). Umgangssprachlich wird „digital" meist mit „binär" gleichgesetzt und dementsprechend mit Computern, aber auch mit Unterhaltungselektronik assoziiert (digitaler Radio-/Fernsehempfang, digitale Aufzeichnung von Sendungen auf Festplatte oder CD/DVD, digitale Signalnetze, z.B. Mobiltelefon, Internet als „digitale Welt", …).

Vom Laserstrahl, der eine CD abtastet, wissen wir, dass er nur zweierlei erkennen kann: eine Vertiefung (pit) oder keine Vertiefung (land).

Und auch ein Computer, der ja keine zehn Finger, dafür aber zwei Zustände – „Strom ein", „Strom aus" – hat, rechnet lieber im „Zweier- oder **Binärsystem**", das häufig auch als „**Dualsystem**" bezeichnet wird.

Dieses (Stellenwert-)System arbeitet mit nur zwei Ziffernzeichen, die wir symbolisch mit 0 und 1 bezeichnen.

Ein einzelnes Binärzeichen („0" oder „1") wird als **Bit** bezeichnet (von binary digit) und bildet die kleinste Informationseinheit.

I | 0 oder 1 - Der kleine Unterschied

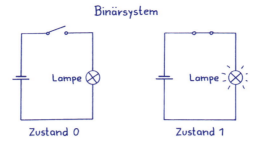

Die Binärzahl 101001_2 (Basis 2) entspricht der Dezimalzahl 41_{10} (Basis 10).

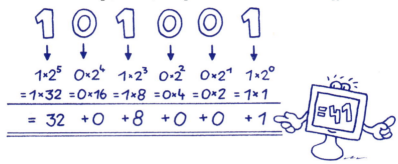

Zur Erinnerung: $2^0 = 1$

2^5 (sprich: „2 hoch 5" oder „2 zur 5. Potenz") ist 5 mal die 2 mit sich selbst multipliziert, also $2 \cdot 2 \cdot 2 \cdot 2 \cdot 2 = 32$).

In diesem Zahlensystem lassen sich viele der bekannten Rechenoperationen direkt ausführen.

Beispiel Addition (Rechenregeln):

0 + 0 = 0
0 + 1 = 1
1 + 0 = 1
1 + 1 = 0 Übertrag 1

Rechenbeispiel:

```
              binär        dezimal
              1001           9
Übertrag +    1111         + 15
          1111
Summe        11000          24
```

Binäre Codierung | I

Wiedergabequalität und Datenmengen

Die spannende Frage lautet, wie beim Abspielen aus den gelesenen (Binär-) Zahlen wieder Musik wird. Nun, hierfür gibt es wieder einen kleinen Computer, einen Digital-Analog-Wandler, der die Zahlen in eine elektrische Welle zurückverwandelt.

Dazu muss er natürlich wissen, nach welchen Vorgaben die Zahlen erzeugt wurden, d.h. wie oft pro Zeiteinheit wurde gemessen (Samplingfrequenz) und welcher Wertebereich liegt zugrunde (Quantisierung).

Beispiele für Werte aus der Praxis:

- 16-Bit-Quantisierung (216 = 65.536 Werte) bedeutet: Es sind ca. 65.000 verschiedene Lautstärkenuancen darstellbar.
- Samplingfrequenz: 44.1 kHz bedeutet: Es werden 44.100 Messungen pro Sekunde durchgeführt.

Die genannten Werte repräsentieren den sogenannten **CD-Standard**.

21

I | 0 oder 1 - Der kleine Unterschied

Eine DVD mit ihrer gegenüber der CD enorm gesteigerten Speicherkapazität (4,7 GB einschichtig) erlaubt es, durch eine Vervielfachung der Datenmenge ein Klangerlebnis mit einer bis zu 1000mal größeren Genauigkeit abzubilden. Beispiel:

- 24-Bit-Quantisierung (= ca. 16 Millionen Werte)
- Verdopplung oder Vervierfachung der Samplingfrequenz

Das digitale optische Speichermedium **Blue-ray Disc (BD)** schafft als DVD-Nachfolger eine Speicherung von bis zu 50 GB (je nach Variante).

Da hier Bits in fast unvorstellbarer Anzahl gespeichert werden, fasst man sie zu größeren Einheiten zusammen:

1 **Binärzeichen** (0 oder 1)	= 1 Bit (binary digit)
8 **Bit**	= 1 Byte
4 **Byte** = 32 Bit	= 1 **Wort** (word)

Für die Angabe größerer Mengen von Bytes werden folgende, dem Wort „Byte" vorangestellte Maßeinheiten verwendet:

Maßeinheit	Bytes	Kbyte	Mbyte
Kilo = 2^{10} Kilobyte (Kbyte)	1024	1	
Mega = 2^{20} Megabyte (Mbyte)	1.048.576	1024	1
Giga = 2^{30} Gigabyte (Gbyte)	1.073.741.824	1.048.576	1024
Tera = 2^{40} Terabyte (Tbyte)	1.099.511.627.776	1.073.741.824	1.048.576
Peta = 2^{50} Petabyte (Pbyte)	1.125.899.906.842.624	1.099.511.627.776	1.073.741.824

Auf Datenträgern werden Speicherkapazitäten meist in MB (anstatt Mbyte) oder GB (anstatt Gbyte) angegeben.

Dabei rechnen die Hersteller allerdings mit dem Faktor 10^3 (= 1000), anstatt mit dem Faktor 2^{10} (=1024).

Im Dezimalsystem steht Kilo für 10^3 (= 1000), Mega = 10^6 (= 1.000.000), Giga = 10^9 (= 1.000.000.000) usw.

Die Angabe von 1 GB Speicherkapazität bedeutet also, dass lediglich

10^9 (= 1.000.000.000) Bytes zur Verfügung stehen, und nicht wie erwartet

2^{30} (= 1.073.741.824) Bytes.

Das Rechenexempel für eine 200-GB-Festplatte ergibt, dass sie tatsächlich nur 186 Gigabyte groß ist!

Digitale Codierung von Text

Genauso wie Töne kann man auch Texte digitalisieren. Nach einer Tabelle wird dabei jedem Zeichen ein binärer Wert zugeordnet.

Allgemein ist ein **Zeichensatz** (character set, kurz: charset) die Menge der darstellbaren Zeichen, meistens inklusive der Kodierungsregeln. Die Begriffe werden aber oft nicht scharf getrennt.

Von den vielen bisher entwickelten Zeichensätzen sind nur wenige praxisrelevant, wie beispielsweise der **ASCII-Zeichensatz** (= American Standard Code for Information Interchange). Er ermöglicht die Codierung von insgesamt 128 Zeichen (Buchstaben, Zahlen und Satz- und Sonderzeichen). Sonderzeichen wie „ß" oder Umlaute können im 7-Bit-ASCII nicht angezeigt werden (dies ist aber z.B. mit dem sogenannten erweiterten ANSI-Code möglich).

Im folgenden Tabellenausschnitt ist der ASCII-Code für einige Zeichen in der dezimalen (Dez), binären (Bin) und hexadezimalen (Hex) Codierung eingetragen:

Zeichen	Dez	Bin	Hex
A	65	01000001	41
B	66	01000010	42
D	68	01000100	44
L	76	01001100	4C
Z	90	01011010	5A
Leerzeichen	32	00100000	20

I | 0 oder 1 - Der kleine Unterschied

a	97	01100001	61
e	101	01100101	65
i	105	01101001	69
z	112	01111010	7A
:	58	00111010	3A
8	56	00111000	38

Das **Hexadezimalsystem** wird häufig zur anschaulichen Darstellung langer Zahlenkolonnen verwendet, die sich beispielsweise ergeben würden, wenn die interne Darstellung eines eingetippten Textes vom Computer ausgegeben werden soll.

Binäre Codierung I

Der Hexadezimalcode ist wie das Binärsystem ein Stellenwertsystem, allerdings mit der Basis „16".

Um die 16 Ziffern darstellen zu können, werden neben den aus dem Dezimalsystem bekannten Ziffern 0 bis 9 noch die Buchstaben A bis F hinzugenommen.

Im Hexadezimalsystem zählen wir demnach so:

F E D C B A 9 8 7 6 5 4 3 2 1 0

Beispiel einer Umrechnung: $4C_{16} = 4 \cdot 16^1 + 12 \cdot 16^0 = 64 + 12 = 76_{10}$

Sehen wir uns in der ASCII-Tabelle nun den Großbuchstaben „D" (= hex 44) einmal genauer an:

$$44_{16} = 4 \times 16^0 + 4 \times 16^1 = 4 \times 1 + 64 = 68_{10}$$

$$0001\,0100_2$$

$$68_{10}$$

Lesbarkeit von Codierungen

Auf eine CD oder DVD können aber nicht nur Musik, sondern auch Bilder, Texte und Filme „gebrannt" werden. Ähnlich wie auch ein Computer nicht nur Zahlen, sondern auch Texte, Grafiken, Bilder und Filme verarbeiten kann, sofern sie in für ihn „verdaulicher" Form als digitale Daten dargestellt sind.

An der sogenannten **Dateiendung** ist oft erkennbar, worum es sich gerade handelt: Beispielsweise ist „oma.doc" (Endung doc) eine Textdatei, „urlaub.jpg" (Endung jpg) eine Bilddatei und „udo.wav" (Endung wav) eine Musikdatei.

25

I | 0 oder 1 - Der kleine Unterschied

Wenn wir z.B. einen Brief an Oma auf dem Computer verfassen, muss jedes Zeichen, das wir eintippen, auf eine Folge von Einsen und Nullen abgebildet werden. Die Regeln dafür sind willkürlich festgelegt und heißen **Kodierung** (auch Codierung mit großem „C" von englisch: encoding).

Unter Kodierung versteht man die Abbildung von einer Sprache (Quellsprache) auf eine andere (Zielsprache). Dabei werden einzelne Zeichen des Quellalphabets auf Zeichenfolgen des Zielalphabets abgebildet. Die so erhaltene Zeichenfolge wird als Wort bezeichnet, die Menge aller Wörter einer Zielsprache nennt man Code.

Daten, Nachrichten und Information

Es wurde bereits erwähnt, dass der Computer letztlich nur **Daten** verarbeitet, die einmal Zahlen, ein andermal Texte, aber auch Grafiken, Bilder und auch Filme repräsentieren.

Weitere wichtige Begriffe in der Informatik sind **Information** und **Nachricht**, die häufig synonym für „Mitteilung" im Sinne „Übermittlung von Wissen" verwendet werden.

Binäre Codierung | I

Information wird definiert als die Bedeutung, die durch eine Nachricht übermittelt wird, wobei Information nicht nur ein Maß für eine Textmenge, sondern auch für deren Detailreichtum ist, den man als Komplexität bezeichnet.

Der Begriff „Subjektive Information" deutet an, dass der **Informationsgehalt** einer Nachricht vom jeweiligen Empfänger abhängig, also individuell verschieden ist.

Eine für den Empfänger sehr unwahrscheinliche Nachricht (eine Nachricht, die der Empfänger nicht erwartet hat, also überraschend ist) hat einen hohen Informationsgehalt, während eine sehr wahrscheinliche Nachricht (eine Nachricht, die der Empfänger erwartet hat) einen geringen Informationsgehalt hat.

Die Nachricht über die richtigen Lottozahlen dürfte für Lisa einen hohen Informationsgehalt haben, währenddessen etwa eine Nachricht wie „Geld allein ist nicht alles" sie nicht gerade vom Hocker reißen dürfte.

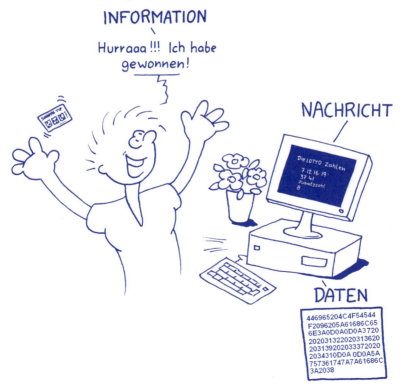

27

I | 0 oder 1 - Der kleine Unterschied

Erkenntnisse dieses Kapitels

- Computer und die meisten „neuen Medien" basieren auf einer **digitalen Codierung** von Daten, die man (symbolisch) als Text mit den Zeichen 0 und 1 darstellen kann.

- Für multimediale Anwendungen des Computers werden ganz unterschiedliche **Daten**, z.B. Texte, Bilder, Grafiken, Audio- oder Videosequenzen, digitalisiert und dadurch auf demselben Medium speicherbar.

- **Digitale Daten** unterschiedlichster Art können im Prinzip beliebig oft und nahezu ohne Qualitätsverlust kopiert werden.

- Texte bestehen aus unterschiedlichen **Symbolen** eines **Alphabets**. Diese Symbole werden mittels Tabellen kodiert, die je einem Symbol des Alphabets einen Zahlencode zuweisen, der dann digital dargestellt werden kann.

- Allgemein wird unter **Information** die **Bedeutung** verstanden, die durch eine **Nachricht** übermittelt wird; Information in diesem Sinne ist also subjektiv bedingt.

KAPITEL II

ÜBER SCHLANGEN, KELLER UND BÄUME

Über Schlangen, Keller und Bäume
Datenstrukturen

Daten werden in der Informatik im Allgemeinen in **Datenstrukturen** gespeichert. Wir sprechen von einer Struktur, weil die Daten in einer bestimmten Reihenfolge angeordnet und miteinander verbunden werden. Verschiedene Datenstrukturen unterscheiden sich nicht durch den **Datentyp** der gespeicherten Daten, sondern vielmehr durch die Eigenschaften der **Operationen**, die auf den Datenstrukturen ausgeführt werden können. So ist es egal, ob in einer bestimmten Datenstruktur Zeichenketten (Datentyp String), Ganzzahlen (Datentyp Integer) oder Wahrheitswerte (Datentyp Boolean) gespeichert werden, die Eigenschaften einer Operation bleiben unabhängig vom verwendeten Datentyp gleich.

Datenstrukturen | II

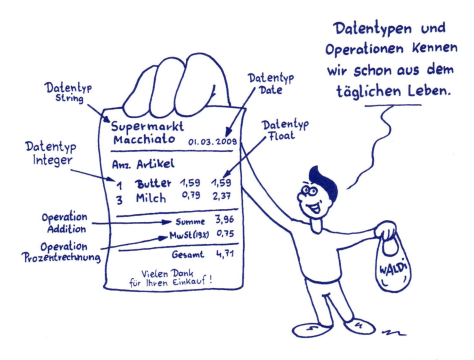

Datenstrukturen erlauben es also, die wichtigsten und am häufigsten genutzten Operationen auf Daten bzw. Objekten so bereitzustellen, dass sie in Algorithmen genutzt werden können. Von den meisten Datenstrukturen gibt es Spezialisierungen, die für eine bestimmte Anwendung besonders gut geeignet sind. Wir alle nutzen verschiedene Datentypen, Operationen und Datenstrukturen unbewusst jeden Tag bei ganz normalen Tätigkeiten: wenn wir eine schwangere Frau an der Kasse vorlassen, weil sie es eiliger hat als wir, oder wenn wir mit unserem Navigationsgerät den schnellsten Weg von A nach B berechnen lassen.

 Datenstrukturen stellen spezifische Operationen auf Daten bereit, die dann von Algorithmen genutzt werden können.

II | Über Schlangen, Keller und Bäume

Queues

Warteschlangen oder Queues

Die **Warteschlange** (engl.: Queue) ist eine Datenstruktur, die beliebig viele Elemente aufnehmen kann und diese in der Reihenfolge des Einfügens wieder zurückgibt. Das zugrunde liegende Prinzip nennt sich **FIFO** (First In – First Out); was zuerst hineingeht, kommt auch zuerst wieder heraus.

Warteschlangen werden im Computer oft verwendet, um mit langsamen externen Geräten wie Drucker, Monitor oder Maus zu kommunizieren. Druckt man beispielsweise ein Dokument, so wird dem auftraggebenden Programm das Dokument als gedruckt bestätigt, obwohl es intern nur in eine **Druckerwarteschlange** geschrieben worden ist und erst dann gedruckt wird, wenn der Drucker dafür bereit ist. Deshalb werden Warteschlangen manchmal auch als Puffer bezeichnet.

Datenstrukturen | II

In einer Warteschlange gibt es die Operationen **enqueue** zum Einfügen neuer Elemente in die Warteschlange, **dequeue** zum Entfernen des vordersten Elements und **top**, welches das vorderste Element anzeigt, ohne es zu löschen. Zusätzlich kann man mit **count** erfragen, wie viele Elemente sich in einer Schlange befinden, und mit **isEmpty** fragen, ob eine Warteschlange leer ist.

> Eine Folge von Elementen heißt Warteschlange, wenn Elemente nur am Ende eingefügt (enqueue) und am Anfang entfernt werden dürfen (dequeue). Schlangen werden auch als FIFO-Speicher bezeichnet.

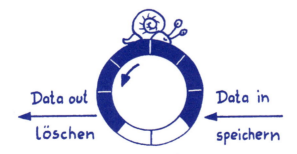

Warteschlangen werden sehr häufig als Ringpuffer eingesetzt. Die Anzahl der Elemente, die dieser aufnehmen kann, ist dabei fest. Sind alle Positionen im Puffer voll, so werden die ältesten Inhalte überschrieben. In Flugzeugen werden ein **Flugdatenschreiber** und ein Stimmenrecorder (man nennt diese auch kurz

BlackBox) mitgeführt, die beide intern als Ringpuffer umgesetzt sind. So kann man die letzten Minuten oder Stunden eines Flugs nachvollziehen.

Eine besondere Warteschlange ist die **Prioritätswarteschlange** (engl.: priority queue). Zusätzlich zum eigentlichen Objekt werden hierbei noch Informationen abgespeichert, die die Priorität des Objekts beschreiben. Durch diese Zusatzinformation sind die Objekte vergleichbar und aus der Schlange kann immer das Objekt mit der höchsten Priorität (also der kleinsten Zahl) als Erstes entfernt werden.

 Die Prioritätswarteschlange speichert zusätzlich zu jedem Element in der Schlange seine Priorität. Mit der Operation extractMin kann das Element mit der höchsten Priorität gefunden und aus der Schlange entnommen werden.

Stack (auch Stapel oder Keller)

In einer Warteschlange wird das zuerst eingefügte Element als Erstes wieder entfernt. Entfernt man jedoch das zuletzt eingefügte Element als Erstes wieder, so nennt sich dieses Prinzip **LIFO** (Last In – First Out). Die Datenstruktur, die dieses Prinzip nachbildet, nennen wir **Stack** (auch Stapel oder Keller). Ein Stack kann ähnlich wie die Queue beliebig viele Elemente aufnehmen und diese wieder ausgeben.

Zusätzlich zu den Operationen des Einfügens und Entnehmens gibt es im Stack die Operationen **isEmpty** und **top**, welche sich exakt so wie bei einer Queue verhalten. Auch sonst sind sich die beiden Datenstrukturen sehr ähnlich: Sie können beide mittels einer anderen Datenstruktur, den Listen, umgesetzt werden.

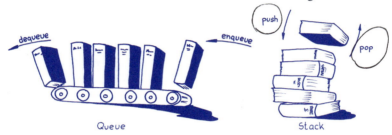

 Achtung: Eine Folge von Elementen heißt Stack oder Keller, wenn Elemente nur am Ende eingefügt (push) und wieder entfernt werden dürfen (pop). Keller werden auch als LIFO-Speicher bezeichnet.

Verkettete Listen

II | Über Schlangen, Keller und Bäume

Listen sind eine Datenstruktur zur Speicherung von beliebigen Elementen. Eine Liste kann dynamisch neue Elemente aufnehmen. Als Besonderheit hat jedes Listenelement einen Verweis auf seinen Nachfolger, wodurch die Elemente miteinander „verkettet" werden. Listen sind stets linear aufgebaut, das heißt, zu jedem Element gibt es maximal einen Nachfolger. Ein Element einer Liste wird als Knoten bezeichnet und besteht aus den eigentlichen Daten und dem Zeiger auf den Nachfolger. Gibt es zu einem Knoten keinen Nachfolger mehr, so zeigt man auf ein Element NIL („Not in List"). Die grundlegenden Operationen, die auf Listen ausgeführt werden können, sind insertElement zum Einfügen eines Elements, deleteElement zum Löschen und searchElement zur Suche eines Elements.

Egal, ob wir die Liste amerikanischer Präsidenten, die Schüler einer Klasse oder die Fußballweltmeister betrachten – sie alle lassen sich als Liste darstellen, in der jeder Eintrag genau einen Nachfolger besitzt. Beim Einfügen in eine Liste schreibt man das neue Element einfach an die erste Position der Liste. Der Startzeiger muss dann auf das eingefügte Element zeigen und das eingefügte Element auf das zuvor erste Element in der Liste. Beim Löschen eines bestimmten Elements wird dieses zunächst gesucht und anschließend gelöscht. Auch dabei müssen die Zeiger entsprechend umgebogen werden.

Datenstrukturen | II

In einer sortierten Liste will man ein neues Element natürlich an der richtigen Stelle in der Liste einfügen. Dazu wird auch beim Einfügen zunächst die passende Stelle in der Liste gesucht und dort das neue Element eingefügt.

Neben den einfachen Listen gibt es auch noch doppelt verkettete Listen, bei denen jedes Element neben dem Zeiger auf den Nachfolger einen weiteren Zeiger auf den Vorgänger besitzt. Der Vorgänger des ersten Elements ist dabei auch das NIL-Element. Durch die doppelte Verkettung können Knoten schneller eingefügt, gesucht und gelöscht werden, es besteht jedoch auch ein höherer Speicherbedarf.

 Eine Liste ist eine verkettete Folge von Elementen. Man unterscheidet einfach und doppelt verkettete Listen. Die wichtigsten Operationen sind das Einfügen eines neuen Elements sowie das Suchen und Löschen eines vorhandenen Elements.

Bäume

Wenn man nun jedoch zu einem Element einer Liste mehr als einen Vorgänger speichern muss oder wenn ein Element mehrere Nachfolger besitzt, bietet sich eine andere Datenstruktur an: die **Bäume**. Bäume sind eine Verallgemeinerung eindimensionaler Listen und können neben Daten auch die Beziehungen zwischen Daten speichern. Aufgrund ihrer speziellen Struktur eignen sich Bäume besonders gut zur Suche nach Daten. Ein Baum besteht aus einer Menge von **Knoten (Vertices)** und **Kanten (Edges)**. Ein Knoten im Baum heißt Blatt, wenn er selbst keine Nachfolger hat. Die Nachfolger eines Knotens bezeichnet man auch als Kinder. Die anderen Knoten heißen innere Knoten des Baums. Unterhalb jedes Knotens gibt es einen Unterbaum, der selbst wiederum aus Knoten und Kanten besteht. Einen Unterbaum ohne Knoten und Kanten nennt man leeren Baum.

 Eine Folge von Elementen mit streng hierarchischer Struktur nennt man Baum. Ein Baum besteht aus Knoten und Kanten. Alle Kanten eines Baums gehen von der Wurzel aus oder führen zu ihr hin. Die Kanten in einem Baum können gerichtet oder ungerichtet sein. Man spricht dann von gewurzelten oder ungerichteten Bäumen.

Aus einem Baum kann ein **Wald** entstehen, indem man mindestens eine Kante entfernt. Ein Wald besteht also mindestens aus zwei Bäumen. In einem Baum kann man verschiedene Pfade zwischen den Knoten bestimmen. Ein **Pfad** ist eine endliche Folge von Kanten, über die man gehen muss, um von einem Knoten zu einem anderen zu gelangen. Sie ist definiert als $p = (u_0, v_0) \ldots (u_{m-1}, v_{m-1})$. Die Länge des Pfads bezeichnet man oft mit (m). Ein Baum enthält dabei nie einen zyklischen Pfad, d.h., man darf auf einem Pfad nicht wieder zum Startknoten zurückkehren.

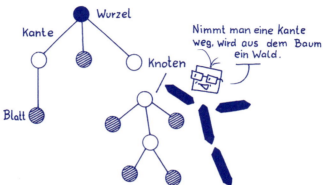

Die **Tiefe** (manchmal auch Höhe) eines Baums B ist die Länge des längsten Pfads des Baums plus 1. Kurz schreibt man auch T(B). Die Tiefe eines Knotens ist sein Abstand zur Wurzel des Baums, also die Anzahl der Knoten auf dem Pfad vom Knoten zur Wurzel. Die Wurzel eines Baums hat somit die Tiefe 1, die Kinder der Wurzel haben die Tiefe 2. Ausgehend von der Wurzel kann man die Knoten in Ebenen einteilen, wobei die Wurzel in Ebene 0 liegt, die Kinder der Wurzel in Ebene 1 und so weiter. Alle Knoten in einer Ebene haben dieselbe Tiefe.

Es gibt einige spezielle Bäume, deren Anwendungsbereiche sich unterscheiden. Von besonderer Bedeutung sind solche Bäume, die maximal zwei Unterbäume besitzen. Diese Bäume nennen wir **Binärbäume**. Sehr oft baut man **Binärbäume** so auf, dass die Knoten, deren Wert kleiner ist als die Wurzel, im linken Teilbaum abgelegt werden und die Knoten, deren Wert größer ist als die Wurzel, im rechten Teilbaum. Wird dieses Prinzip in jedem Teilbaum eingehalten, so nennt man diesen Binärbaum einen **binären Suchbaum**. In solchen Bäumen kann dann sehr effektiv gesucht werden. Solange ein gesuchter Wert größer als der des angesehenen Knoten ist, sucht man weiter rechts, ist er kleiner, erfolgt die Suche links. In einem Binärbaum können sich in einer Ebene E maximal 2^E Knoten befinden.

II | Über Schlangen, Keller und Bäume

	Tiefe der Knoten	max. Anzahl Knoten in der Ebene	max. Anzahl Knoten im Baum
Ebene 0	1	$2^0 = 1$	$2^1 - 1 = 1$
Ebene 1	2	$2^1 = 2$	$2^2 - 1 = 3$
Ebene 2	3	$2^2 = 4$	$2^3 - 1 = 7$
Ebene 3	4	$2^3 = 8$	$2^4 - 1 = 15$

 Ein Binärbaum mit n Knoten hat genau n-1 Kanten. Wenn die Tiefe des Baums h ist, dann gibt es maximal $2^h - 1$ Knoten im Binärbaum.

Solche Bäume können natürlich einseitig wachsen und somit wieder zu einer linearen Liste entarten. Hat man einen binären Suchbaum mit der Wurzel 10 und den Knoten 20, 30 und 40, so wächst der Baum nur nach rechts und <u>degeneriert</u> somit. Dieses Problem lässt sich lösen, indem man die Tiefen des linken und des rechten Teilbaums überwacht und den Baum ausbalanciert, sobald er einseitig wachsen würde. Einen solchen balancierten binären Suchbaum nennt man **AVL-Baum** (benannt nach seinen Erfindern Adelson, Velskij und Landis).

Mehr Infos zu diesen besonderen Bäumen gibt es auf der Webseiten.

Graphen

Wenn man die strikten Bedingungen, die an die Datenstruktur der Bäume geknüpft sind, etwas lockert und beispielsweise Zyklen erlaubt, erhält man eine neue Datenstruktur, die der Graphen. Wie auch Bäume bestehen Graphen aus Knoten und Kanten.

Wir unterscheiden zwischen einfachen Graphen und **Multigraphen.** In einfachen Graphen ist zwischen zwei Knoten nur eine Kante erlaubt, in Multigraphen gibt es diese Einschränkung nicht. Die Kanten zwischen zwei Knoten können eine Richtung haben, dann nennt man den Graphen gerichtet oder orientiert. So kann man beispielsweise die Fahrtrichtung einer Einbahnstraße angeben. Sind bei den Kanten keine Richtungen angegeben, nennt man den Graphen ungerichtet. Die Knotenmenge V eines Graphen G lässt sich kurz ausdrücken als $V(G) = V$, während die Kantenmenge E des Graphen als $E(G) = E$ definiert ist. Wenn $G = (V,E)$, u und v zu V gehören ($u, v \in V$) und die Kante von u nach v zu E gehört (($u,v) \in E$), dann ist v ein direkter Nachfolger von u und u der direkte Vorgänger von v.

 Der Ausgangsgrad eines Knotens ist gleich der Anzahl seiner direkten Nachfolger. Der Eingangsgrad eines Knotens ist die Anzahl seiner direkten Vorgänger.

Die Kanten eines Graphen können gewichtet bzw. bewertet werden. So kann man zum Beispiel die Entfernung zwischen zwei Punkten durch ein Kantengewicht darstellen.

Durch diese Zusatzinformationen lassen sich später dann mit geeigneten Algorithmen kürzeste, schnellste oder günstigste Wege zwischen Knoten berechnen. So lassen sich zum Beispiel verschiedene Reiseoptionen in einem **Navigationsgerät** einstellen und man kommt entweder schneller, kürzer oder auf einer schöneren Route ans Ziel. In Kapitel 3 werden wir einen solchen **Algorithmus** näher kennenlernen.

II Über Schlangen, Keller und Bäume

In Graphen gibt es verschiedene Arten von Pfaden: Einfache Pfade kennen wir ja bereits aus Bäumen; sie durchlaufen keine Kante mehrfach. Zyklische Pfade (Zyklen) sind geschlossen, d.h., sie haben den gleichen Knoten als Start- und Endknoten. Ein Pfad wird als Weg bezeichnet, wenn kein Knoten mehrfach besucht wird, wenn also alle u_i und v_k untereinander paarweise verschieden sind. Ein Pfad heißt Kreis, wenn er ein Weg und ein Zyklus ist.

 Ein Graph besteht aus einer Menge von Knoten und Kanten. Man unterscheidet zwischen ungerichteten und gerichteten Graphen.

Arrays (auch Feld oder Gruppe)

Viele der angesprochenen Datenstrukturen lassen sich auf Arrays zurückführen. Arrays sind die einfachste und zugleich eine der wichtigsten Datenstrukturen, da Informationen, die mittels verschiedener Algorithmen berechnet werden, sehr häufig in dieser Datenstruktur abgelegt, gesucht und verändert werden.

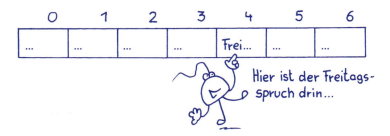

Hier ist der Freitagsspruch drin...

Ein **Array** ist eine Anordnung von Datenelementen in festgelegter Art und Weise. Mittels eines Arrays (deutsch auch oft Gruppe oder Feld genannt) werden Daten so im Speicher des Computers gehalten, dass man über einen numerischen **Index** auf die einzelnen Daten zugreifen kann. Der Index kennzeichnet dabei die einzelnen Elemente einer Folge eindeutig.

Die Größe eines Arrays ist in den meisten Programmiersprachen frei wählbar. Diese Größe muss jedoch von vornherein definiert sein. Der oben angesprochene Ringpuffer kann beispielsweise programmatisch sehr einfach in einem Array abgelegt werden.

Stellen wir uns einen **Ringpuffer** vor, der einen Spruch für jeden Tag der Woche speichert. Ein entsprechendes Array Sprüche müsste also sieben Speicherstellen anbieten, eine für jeden Tag der Woche. Die Speicherstellen sind von 0 bis 6 durchnummeriert und der Zugriff auf eine einzelne Speicherstelle erfolgt mit Sprüche[i]. Sprüche[4] würde dann also den Spruch für Freitag enthalten.

'Schnipp', und aus dem Ringpuffer wird ein Array.

II | Über Schlangen, Keller und Bäume

 Ein Array ist eine Liste von zusammenhängenden Daten, auf die mittels eines Index zugegriffen werden kann. <u>Man unterscheidet zwischen Standard-Array mit numerischem Index und assoziativem Array mit zumeist zeichenkettenbasiertem Index.</u>

2.

Index	Wert
monday	Montag ist Schontag
tuesday	Am Dienstag fängt die Woche an
wednesday	Mittwoch ist Sitzungstag
thursday	Donnerstag ist schon fast Wochenende
friday	Freitag ab eins macht jeder seins
saturday	Samstag wird das Auto verwöhnt
sunday	Sonntag ist Ruhetag

Oft werden neben den Standard-Arrays auch sogenannte **assoziative Arrays** verwendet, bei denen der Index nicht numerisch ist, sondern eine Zeichenkette darstellt. So kann man sich in einem assoziativen Array den Spruch von Freitag durch `Sprüche["friday"]` ausgeben lassen.

44

Datenstrukturen II

Erkenntnisse dieses Kapitels

- **Datenstrukturen** unterscheiden sich nicht durch die gespeicherten Elemente, sondern in den Eigenschaften der Operationen, die auf ihnen durchgeführt werden können.

- **Listen** zeichnen sich durch ihre Zeiger auf den Nachfolger und eventuell den Vorgänger aus.

- **Queue** und **Stack** sind spezielle Formen von Listen.

- Will man eine Hierarchie von Listenelementen darstellen, so kann man sie in einem **Baum** abbilden.

- In **binären Bäumen** hat jeder Knoten maximal zwei Nachfolger. Sie eignen sich sehr gut, um auf ihnen Suchoperationen durchzuführen.

- Erweitern wir die Eigenschaften der Bäume um die Möglichkeit, Kanten zwischen allen Knoten zu erlauben, haben wir die Datenstruktur der **Graphen**.

KAPITEL III

DAS INFORMATIK-KOCHSTUDIO

Das Informatik-Kochstudio
Algorithmen

Sortieren

Ordnung ist das halbe Leben. Mit diesem Spruch nerven seit Generationen Eltern ihre Kinder. Aber wer möchte schon sein ganzes Leben damit zubringen, Ordnung zu halten? Deshalb verwenden wir den Computer und übertragen ihm die Aufgabe, Ordnung zu halten.

„Wer Ordnung hält, ist zu faul zum Suchen." Soll man besser alles unsortiert irgendwo ablegen und muss dann länger suchen oder soll man lieber Ordnung halten und findet dann alles schneller? Normalerweise versucht man, das Chaos erst gar nicht entstehen zu lassen und lieber jedes Objekt an den richtigen Platz zu legen. Aber das ist nicht immer so einfach: Post kommt meist nicht sortiert oder die Bücher im Regal kann man nach Autoren oder Titel sortieren. Und dieses Alltagsproblem tritt im Computer aufgrund der vielen gespeicherten Dokumente noch verstärkt auf. Man denke nur an die unüberschaubare Zahl von Internetseiten, die die Suchmaschine Google alle durchsuchen und sortieren muss, damit sie schnell die Ergebnisse ausspucken kann …

Deshalb müssen auch Computer Daten **sortieren** und in den sortierten Daten möglichst schnell etwas finden. Dabei hilft ihnen nicht immer ihre große Geschwindigkeit beim Erledigen solcher Aufgaben, denn auch die Datenmengen werden immer größer.

Der Computer kann nach den gleichen Prinzipien sortieren wie der Mensch, denn wir sortieren in vielen Situationen und können dem Computer das beibringen. Aber wie sortiert denn der Mensch, etwa die Spielkarten bei einem Kartenspiel?

Zunächst einigt man sich auf ein Spiel und damit auf die natürliche Reihenfolge der Karten, die von den Spielregeln des Spiels abhängig ist. Man nimmt die Karten einzeln auf die Hand und sortiert sie in die auf der Hand gehaltenen Karten ein. Der Mensch kann die Karten dabei sehr gut überblicken. Der Computer kann dagegen immer nur einzelne Kartenpaare anschauen und vergleichen. Das muss berücksichtigt werden, wenn man ihm Anweisungen zum Sortieren gibt.

Was fällt beim Sortieren weiter auf?

- Die Dauer des Einsortierens hängt von der Anzahl der Karten ab. Je mehr Karten, desto mehr Zeit erfordert das Einsortieren. Die Kartenzahl beschreibt die sogenannte **Problemgröße**.

- Je mehr Karten man auf der Hand hat, desto aufwändiger wird das Einsortieren. Es ist aber meist nicht so, dass doppelt so viele Karten doppelten **Aufwand** bedeuten würden. Der Aufwand wächst jedoch meistens überproportional mit der Problemgröße.

- Das Sortieren der Karten wird auf ein kleineres leichter handhabbares Problem zurückgeführt, nämlich das Einsortieren einer Karte. Dieses Prinzip heißt „**Teile und herrsche**". Eine Aufgabe wird in kleinere

Teilaufgaben zerlegt, die getrennt voneinander gelöst werden können. Dieses Prinzip hat sich auch bei der Beschreibung von komplizierten Aufgabenstellungen bewährt.

Aber wie aufwändig ist denn nun das Verfahren? Wovon kann das alles abhängen? Es spielt nicht nur die Zahl der Karten eine Rolle, sondern auch, ob die Karten, die man aufnimmt, gut kommen oder nicht. Was heißt aber gut kommen?

- **worst case**: Jede Karte, die man aufnimmt, muss mit allen vorherigen Karten verglichen werden, bevor man sie einsortieren kann. Das kann passieren, wenn die Karten in besonders ungünstiger Reihenfolge kommen, etwa wenn ich immer von der falsche Seite mit dem Vergleichen beginne.
- **best case**: Man findet die passende Stelle zum Einfügen sofort und muss eigentlich immer nur jede aufgenommene Karte mit einer schon sortierten Karte vergleichen.
- **average case**: Die beiden vorigen Situationen treten eigentlich nie auf. Wenn man lange genug beliebige Karten sortiert, die in zufälliger Reihenfolge liegen, ergibt sich ein guter Mittelwert für den **Aufwand**.

Warum betrachten wir nicht immer nur den „average case"? Das passt doch immer im Mittel! Manchmal möchte man aber sicher sagen können, wie lange ein Sortierverfahren längstens dauert. Etwa wenn die Jahresabrechnung einer Bank mit Millionen Konten läuft, kann nicht gebucht werden, deshalb sollte der Prozess möglichst schnell abgeschlossen sein. Aber häufig hat man schon gut vorsortierte Daten und muss nur noch einige weitere Daten einsortieren. Hier greift der „best case".

III | Das Informatik-Kochstudio

Aber wie formuliert man denn jetzt den Sortieralgorithmus für den Computer?

Zunächst gibt es bestimmte Handlungsfolgen, die nacheinander ablaufen. Dies wird in klaren **Anweisungen** formuliert wie etwa die Anweisungen eines Navigationssystems. Um eine Handlungsfolge zu beschreiben, werden die Anweisungen einfach wie bei einem Rezept hintereinander aufgeschrieben.

Es gibt bestimmte Handlungen, die mehrmals wiederholt werden müssen. Dabei muss man aber auch irgendwann fertig werden. Deshalb braucht man auch eine Bedingung, wann die **Wiederholung** abgeschlossen ist. Beim Sortieren ist das der Fall, wenn der Spieler alle für ihn bestimmten Karten auf der Hand einsortiert hat. Man formuliert hierfür eine Wiederholungsanweisung mit Abbruchbedingung, die zu Beginn oder am Ende der Wiederholung geprüft werden muss.

Beim Einsortieren einer Karte muss immer eine Entscheidung getroffen werden, ob die Karte weiter links oder weiter rechts von der gerade betrachteten Vergleichskarte auf der Hand einsortiert werden muss. Hierbei handelt es sich um eine **bedingte Anweisung**, da der weitere Ablauf von einer Bedingung abhängt.

 Beachte! Ein Algorithmus besteht aus einer Folge von Anweisungen, Wiederholungen und Entscheidungen.

Nun können wir den Algorithmus „**Sortieren durch Einfügen**" wie folgt formulieren:

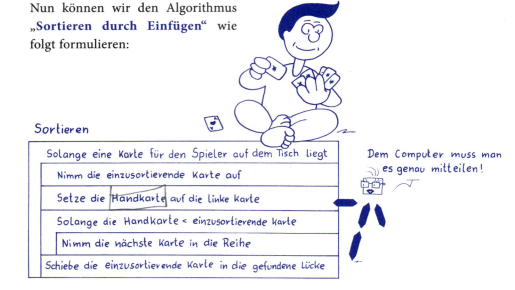

Sortieren

| Solange eine Karte für den Spieler auf dem Tisch liegt |
| Nimm die einzusortierende Karte auf |
| Setze die Handkarte auf die linke Karte |
| Solange die Handkarte < einzusortierende Karte |
| Nimm die nächste Karte in die Reihe |
| Schiebe die einzusortierende Karte in die gefundene Lücke |

Dem Computer muss man es genau mitteilen!

Algorithmen | III

Was ist denn nun anders an der Beschreibung des Algorithmus für den Computer und den Menschen?

 Ein **Algorithmus** hat folgende Eigenschaften:
- Durch die Beschreibung ist das Vorgehen stark schematisiert. Jeder Handlungsschritt ist genau vorgeschrieben. Die Vorschrift ist **eindeutig** und **ausführbar**.
- Er funktioniert bei beliebiger Reihenfolge der aufgenommenen Karten und ist deshalb **allgemein**.
- Es gibt nur endlich viele Handlungsanweisungen für die Beschreibung, d.h., er ist **endlich**.
- Die Abarbeitung wird nach endlich vielen Handlungsschritten beendet. Jede Karte benötigt eine bestimmte Anzahl von Schritten zum Einsortieren, d.h., alle Karten sind nach einer bestimmten Zeit einsortiert, die Sortieraufgabe ist damit beendet. Der Algorithmus **terminiert**.

Nun ist das Problem des Sortierens gelöst. Doch wie sieht das mit dem **Aufwand** aus? Bei einer Karte muss man gar nicht vergleichen. Beim Einsortieren der zweiten Karte ist ein Vergleich notwendig, eine weitere Karte braucht im schlimmsten Fall den Vergleich mit zwei weiteren Karten. Im „**worst case**" muss man beim Einsortieren alle schon sortierten Karten durchgehen und vergleichen. Daraus erhalten wir eine Tabelle.

Anzahl Karten	Aufwand der Vergleiche (worst case)
1	0
2	1
3	3
4	6
5	10
...	
10	45
100	4950
1000	499500
10000	49995000
n	$\frac{1}{2}n^2 - \frac{1}{2}n$

III | Das Informatik-Kochstudio

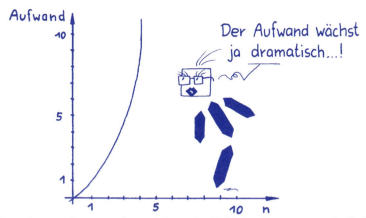

Der Aufwand steigt dramatisch an. Wenn die Zahl der Karten verzehnfacht wird, steigt der Aufwand um den Faktor 100!

Effektives Sortieren

Und geht es vielleicht doch noch etwas schneller? Vielleicht gibt es ja einen anderen Algorithmus, der effizienter ist!

Dazu müssen wir das Prinzip „**Teile und herrsche**" einsetzen:

Zunächst werden die zu sortierenden Elemente in kleinste Einheiten, etwa einzelne Bücher oder Karten oder Zahlen, zerlegt. Dann beginnt der eigentliche Sortierteil: Die einzelnen Elemente werden zu Zweiergruppen zusammensortiert, danach zu Vierergruppen etc. Beim Zusammensortieren, man sagt auch **Mischen**, benötigen wir immer so viele Vergleiche wie die Anzahl der Elemente. Bei jedem Vergleich der beiden kleinsten Elemente der Gruppen kann man ein Element in die neue Gruppe hineinlegen, also kein großer Aufwand!

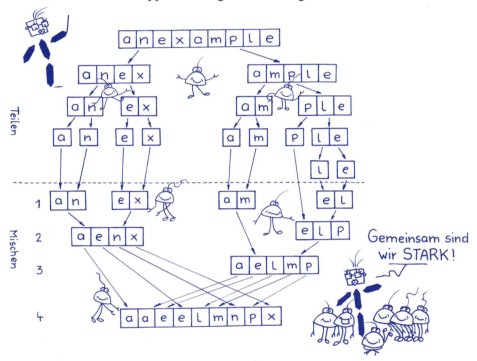

Die Zahl der Vergleiche ist zwar immer noch hoch, aber wir benötigen nicht mehr n^2 Vergleiche. Das liegt daran, dass wir nicht so viele Mischvorgänge durchführen. Man braucht für die 9 Buchstaben im Beispiel oben nur 4 Mischvorgänge, also doch eine echte Ersparnis! Aber das wird erst bei vielen Elementen richtig interessant: Man benötigt z.B. beim Telefonbuch von Berlin mit ungefähr 1 Million Einträgen nur 20 Mischvorgänge – wenn das nicht effektiv ist!

Beim **Sortieren durch Mischen** benötigten wir durch das Prinzip „Teile und herrsche" weniger Zeit zum Zusammenmischen als beim Sortieren durch Einfügen, denn das Zusammenmischen von kleinen, bereits vorsortierten Teilmengen geht schneller, da wir nur wenige solcher Mischvorgänge benötigen.

Wir haben nun zwei Sortieralgorithmen kennengelernt. Es gibt aber nicht nur Sortieralgorithmen. Man kann Algorithmen auch für viele andere Probleme formulieren.

Beachte! Ein **Algorithmus** ist eine Folge **eindeutiger** und **ausführbarer** Anweisungen zur Herleitung bestimmter Ausgabedaten aus gewissen Eingabedaten mit endlicher Ausführungslänge.

Alltagsalgorithmen

Und welche Bedeutung hat ein Algorithmus für das tägliche Leben?

Es gibt im täglichen Leben viele Vorgänge, die nach einem Schema ablaufen, vielleicht infolge von Tradition, Gewohnheit oder aufgrund von Verhaltens- oder Rechtsregeln. Diese Vorgänge ähneln einem Algorithmus, auch wenn er selten so formuliert ist. Im Alltag werden diese jedoch nicht formal aufgeschrieben, da sie teilweise recht unpräzise sind. Beispiele für **Alltagsalgorithmen** sind etwa

- Herstellen einer Telefonverbindung
- Backen eines Kuchens
- Autofahren
- Putzen der Zähne
- Spielen einer Melodie
- Aufbau eines Regals

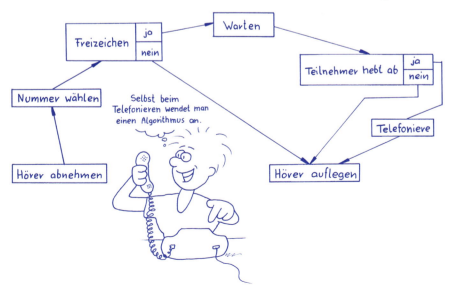

Algorithmen | III

Komplexe Algorithmen

Aber nicht alle Algorithmen sind so einfach wie der zum Telefonieren. Wir wollen hier als Beispiel eines komplexen Algorithmus die Suche nach dem kürzesten Weg zwischen zwei Orten kennenlernen. Heute haben fast alle Autofahrer ein **Navigationsgerät** im Auto. Und wer kein „Navi" im Auto hat, sucht sich den kürzesten Weg mit Hilfe eines Routenplaners im Internet oder von CD. Dieses Problem des kürzesten Wegs hatten auch schon unsere Eltern. Und wie haben sie das früher gemacht?

Ich glaube, unsere Eltern hatten früher wirklich den Durchblick...!

Früher nahm man einen Straßenatlas oder einen Stadtplan und versuchte durch „Draufschauen" die kürzeste Route etwa von Köln nach Leipzig zu finden. Das ist nicht immer ganz einfach. Wie soll einem dabei ein Algorithmus helfen? Der Computer kann sich doch nicht durch einfaches „Draufschauen" einen Überblick verschaffen. Da müssen wir schon etwas genauer beschreiben, wie der Computer den optimalen Weg findet.

Was heißt eigentlich **optimal**? Soll es möglichst schnell gehen oder möchte man wegen der hohen Spritpreise lieber die kürzeste Route haben? Genau wie beim Einsortieren der Karten in Abhängigkeit von der Spielregel müssen wir uns auch hier auf ein Kriterium einigen: Entweder gibt man die Straßenlänge oder, was seltener ist, Fahrzeiten auf der Karte an. Bei den Routenplanern können wir das meistens in der Eingabemaske angeben.

57

Und wie geht es dann weiter?

Zunächst benötigen wir keine maßstäbliche Karte, da wir die Entfernungen als Zahlen notieren und nicht messen müssen. Für das Suchen der Lösung wird das Problem abstrahiert. Überflüssige Informationen werden weggelassen und wir können uns auf das Wesentliche der Aufgabe konzentrieren. **Abstraktion** ist also eine wichtige Methode zur Problemlösung und begegnet uns auch alltäglich immer wieder.

 Beachte! Ein Modell ist ein abstraktes Abbild der Wirklichkeit, das wesentliche Aspekte enthält, jedoch aufgrund der Reduktion leichter zu untersuchen ist.

Für die Fahrt von Köln nach Leipzig betrachten wir ein vereinfachtes Straßennetz. Wir starten auf diesem Autobahnnetz von Köln und haben zwei alternative Orte, die wir ansteuern können. Zur Lösung nehmen wir uns nun Anschauungsmaterial aus der Natur zu Hilfe: Ameisen schwärmen auch auf festgelegten Ameisenstraßen, die durch Pheromone markiert sind, aus ihrem Bau aus, um bestimmte Nahrungsquellen zu erreichen. Dabei sind alle Ameisen etwa gleich schnell und sie können gleichzeitig in verschiedene Richtungen auf unterschiedlichen Straßen krabbeln. Sie müssen sich also zunächst nicht entscheiden, sondern probieren alle Straßen gleichzeitig aus!

Der erste Ort, den wir von Köln erreichen, ist Dortmund nach 97 km. Die Ameisen krabbeln weiter von Dortmund Richtung Hannover, Kassel und Frankfurt und parallel von Köln nach Frankfurt. Das zweite Ziel ist nach 187 km Frankfurt. Die Ameisen aus Frankfurt müssen jetzt nicht mehr nach Dortmund, denn dies ist ja schon besucht worden, es geht also der „Run" nach Kassel los. Hier gewinnen die Ameisen aus Dortmund, die Frankfurter können also umkehren, da sie keine neuen Orte besuchen können. Somit transportieren die Ameisen aus Dortmund die Nahrung aus Kassel zum Bau, da dieser Weg ja kürzer ist.

III | Das Informatik-Kochstudio

Die Ameisen teilen sich bei jeder neu besuchten Stadt auf und gehen die Wege zu noch nicht besuchten Städten, bis alle Städte besucht sind und sich daraus die jeweils kürzeste Ameisenstraße zu dieser Stadt etabliert hat.

Der Weg nach Leipzig lässt sich nun aus den besuchten Ameisenstraßen ablesen: Es gibt immer genau einen Weg von Köln nach Leipzig, der auch der kürzeste ist, denn die Alternativwege etwa über Erfurt waren länger, da die Ameisen mehr Zeit benötigt haben. Durch Addition erhält man die Länge des Wegs von Köln nach Leipzig: Es sind 591 km!

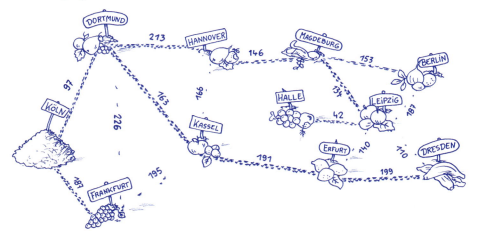

Das Problem ist also gelöst und wir können eine Entfernungstabelle aufstellen.

Für eine vollständige **Entfernungstabelle** müssen wir jedoch den Algorithmus in jeder Stadt erneut starten, um so ein neues Wegenetz für die kürzesten Wege zu dieser Stadt zu erhalten. Erst dadurch entsteht eine vollständige Entfernungstabelle. So ist es beispielsweise sicher nicht sinnvoll, auf dem bisherigen Wegenetz von Berlin nach Dresden über Dortmund und Kassel zu fahren!

	Köln
Berlin	609
Dortmund	97
Dresden	650
Erfurt	451
Frankfurt	187
Halle	632
Hannover	310
Köln	0
Leipzig	591
Magdeburg	456
Paderborn	202

Algorithmen | III

Na, jetzt sollte man aber spätestens doch mal den Computer bemühen. Aber dazu müssen wir aus dem anschaulichen Verfahren einen **Algorithmus** für den kürzesten Weg formulieren. Dann geht das Ganze sicher auch für mehr Städte und der Algorithmus für ein Navigationsgerät ist fertig!

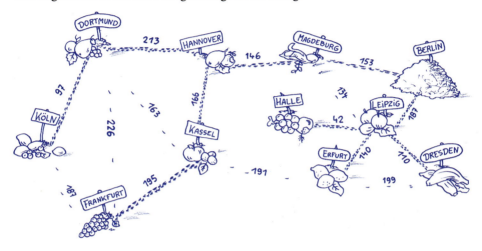

Und wie aufwändig ist dieser nach seinem Entdecker genannte **Dijkstra-Algorithmus**?

Bei jedem Schritt wird eine neue Stadt durch die Ameisen erreicht. Dabei muss man alle Städte untersuchen, die besucht werden können. Dies sind jedoch normalerweise ein paar wenige, im schlimmsten Fall alle noch nicht besuchten Städte. Im Durchschnitt wird man also in einer festen Zeit eine neue Stadt hinzunehmen können, deshalb wächst der Aufwand im Durchschnitt mit der Anzahl der Städte. Und man erhält eine vollständige Entfernungstabelle von seiner Heimatstadt. Also ist das Ganze sehr effektiv!

Aber wie schreibt man den Dijkstra-Algorithmus für den Computer auf? Und wie sieht nun die komplette Entfernungstabelle für alle Städteverbindungen aus?

 Dazu gibt es weitere Infos auf der Webseite.

III | Das Informatik-Kochstudio

Erkenntnisse dieses Kapitels

- **Algorithmen** werden von Informatikern entwickelt, um Computern bestimmte Aufgaben beizubringen.

- Um dem Computer etwas Neues beizubringen, muss man die Wirklichkeit manchmal **abstrahieren** und **formalisieren**.

- Algorithmen setzen sich aus **eindeutigen**, **endlichen** und **ausführbaren Anweisungen** zusammen. Sie bestehen zum größten Teil aus **Sequenzen**, **Wiederholungen** und **Bedingungen**.

- Der **Aufwand** ist ein Qualitätsmaßstab und gibt an, wie lang ein Algorithmus zur Ermittlung des Ergebnisses bei einer bestimmen Problemgröße braucht. Er kann nicht nur von der Problemgröße, sondern auch von den zu bearbeitenden Daten abhängig sein.

- Viele Probleme lassen sich in kleinere Probleme zerlegen. Dieses Prinzip „**Teile und herrsche**" führt bei der Formalisierung schnell zu brauchbaren Algorithmen.

KAPITEL IV

ICH KRIEGE GLEICH ZUSTÄNDE!

Ich kriege gleich Zustände!
Automaten

Wer kennt diese Situation nicht: Man verzweifelt am **Fahrkartenautomaten**, der einem keine Fahrkarte verkaufen will, und die Bahn kommt bestimmt genau in diesem Augenblick! Was bleibt einem da noch übrig, außer entnervt gegen den Automaten zu treten oder das Geldstück zu reiben, obwohl das nachgewiesenermaßen nur einen psychologischen Effekt hat?

In einem Fahrkartenautomat stecken ein **eingebettetes System** und damit ein Computer, der nach bestimmten Regeln eine Fahrkarte ausgibt. Somit ist das Verhalten des Automaten vorhersagbar, auch wenn wir Menschen das nicht immer glauben können.

Automaten IV

Doch wie geht ein solcher Automat vor? Automaten bilden in der Informatik ein grundlegendes Problemlösungskonzept. Eines der wichtigsten Modelle heißt in der Informatik „endlicher Automat". Wir wollen dieses Modell am Beispiel des Fahrkartenautomaten behandeln. Schon ein Fahrkartenautomat ist ein sehr komplexes System. Wir werden ihn deshalb auf wesentliche Eigenschaften reduzieren, um die Grundprinzipien seiner Funktionsweise besser verstehen zu können.

Meist besitzt ein Fahrkartenautomat eine Vielzahl von Tasten für verschiedene Eingaben bzw. Fahrkarten. Die Zahlung ist oft mit Bargeld, ec-Karte oder Geldkarte möglich. Dies führt zu einem sehr komplexen Automaten. Unser „reduzierter" **einfacher Automat** soll deshalb nur eine Sorte von Fahrkarten zu einem festen Preis von 3 € verkaufen. Auch den Abbruch des Verkaufs und die damit verbundene Geldrückgabe wollen wir vernachlässigen. Damit benötigen wir nur eine Taste zur Anforderung der Fahrkarte.

Der Betrag kann nur mit 1 €- und 2 €-Münzen bezahlt werden, wobei die Reihenfolge nicht vorgeschrieben ist. Andere Münzen werden sofort zurückgegeben. Falls der Betrag von 3 € erreicht ist, werden alle weiteren Münzen abgewiesen. Neben der Ausgabe der Fahrkarte wird gegebenenfalls auch noch Wechselgeld zurückgegeben. Wir müssen nun die Regeln formulieren, nach denen er arbeitet.

Das Eingabealphabet

Zunächst müssen die „sinnvollen" Bedienungsmöglichkeiten für den Automaten angegeben werden. Diese Aktionen des Nutzers sind neben dem Münzeinwurf das Anfordern einer Fahrkarte. Alle möglichen Eingaben werden zur besseren Übersichtlichkeit mit Abkürzungen versehen und in einer Menge – dem **Eingabealphabet E** – zusammengefasst.

IV | Ich kriege gleich Zustände!

Das Ausgabealphabet

Und was macht der Automat dann? Dazu notiert man mögliche Aktionen des Automaten, etwa die Fahrkartenausgabe, ebenfalls mit Kürzeln zur besseren Übersicht und erhält dadurch das sogenannte **Ausgabealphabet A**. Wenn der Automat nach dem Einwerfen einer Münze nichts tun muss, gibt es zusätzlich die Möglichkeit „keine Aktion".

F   Fahrkarte ausgeben
FR Fahrkarte + Rückgeld ausgeben
GR Geldrückgabe falsche Münze oder Überzahl
-   keine Aktion
A = {F, FR, GF, -}

Aber er muss noch was ausspucken!

Die Zustände

Die Fahrkarte kostet 3 €, deshalb müssen immer mehrere Münzen, die zum Eingabealphabet gehören, eingeworfen werden. Dies muss sich der Automat merken. Dazu braucht er ein „verteiltes" Gedächtnis – die **Zustände des Automaten Z**. Jeder Zustand wird dabei meist durch eine Zahl gekennzeichnet. Dadurch wird eine bestimmte Information codiert, etwa der gezahlte Betrag. Jeder Automat muss noch einen **Startzustand** besitzen, bei dem der Automat beginnt, wenn ein neuer Fahrkartenverkauf startet. Falls jemand jedoch korrekte Münzen einwirft und nicht die Fahrkartentaste drückt, wird der Automat nicht in diesen Grundzustand zurückversetzt – der nächste Kunde bekommt die Fahrkarte dann billiger!

Automaten | IV

0	Ausgangszustand (noch kein Geld eingeworfen)
1	1€ wurde eingeworfen
2	2€ wurde eingeworfen
3	3€ wurde eingeworfen
4	Überzahlung (mehr als 3€)

Die Zustandsübergangsfunktion

Aber welche Aktionen führt der Automat in bestimmten Zuständen nach einer Eingabe aus? Dazu braucht man noch etwas „Programmierlogik", die das festlegt. Man kann diese Regel in einer Tabelle darstellen. Sie wird als **Zustandsübergangsfunktion f** bezeichnet. Sie gibt für jede Eingabe und für jeden Zustand, in dem sich der Automat befindet, den neuen Zustand an, in den der Automat wechselt, und die notwendige Ausgabe. Dazu ein Beispiel: Ist der Automat im Zustand 4 (überzahlt) und die Fahrkartentaste (F) wird betätigt, so wechselt er in den Startzustand 0 und gibt eine Fahrkarte und das Rückgeld aus (0 | FR). Wenn man dies für alle Kombinationen von Zuständen und Eingabezeichen aus dem Eingabealphabet durchführt, erhält man die folgende Tabelle mit neuen Zuständen und Ausgabezeichen aus dem Ausgabealphabet:

Eingabealphabet E

Zustandsmenge Z	M1	M2	MF	F
0	1/-	2/-	0/GR	0/-
1	2/-	3/-	1/GR	1/-
2	3/-	4/-	2/GR	2/-
3	3/GR	3/GR	3/GR	0/F
4	4/GR	4/GR	4/GR	0/FR

IV | Ich kriege gleich Zustände!

Grafische Darstellung von Automaten

In der obigen Tabelle steckt die gesamte Logik des Automaten, aber sie ist für Menschen nicht so gut lesbar. Deshalb benutzt man oft auch eine Grafik zur übersichtlicheren Darstellung. Jeder Zustand wird durch einen Knoten dargestellt. Die Knoten werden durch Übergangspfeile (Kanten) verbunden, die die Zustandsübergangsfunktion darstellen. Dazu muss an jeder Kante noch die Information über die Eingabe stehen und zusätzlich, welche Ausgabe erfolgen soll. Der Übergang von Zustand 4 nach 0 benötigt als Eingabe die Fahrkartentaste FT und gibt Fahrkarte und Rückgeld (FR) aus. Man kann nun jeden Eintrag in der Tabelle als Pfeil eintragen und erhält die komplette Übergangsfunktion als Diagramm:

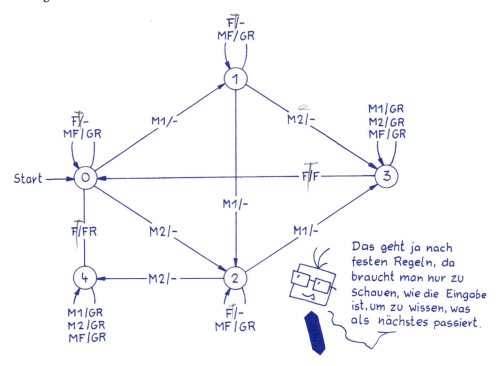

Automaten | IV

Ein **endlicher Automat mit Ausgabe** (Mealy-Automat oder **Transduktor**) besteht aus folgenden Bestandteilen:

1. das **Eingabealphabet** E
2. das **Ausgabealphabet** A
3. die endliche Menge von **Zuständen** Z
4. ein **Anfangszustand**
5. eine **Übergangsfunktion** f, die den Zeichen aus E und Zustand Z einen neuen Zustand Z und ein Ausgabezeichen A zuordnet

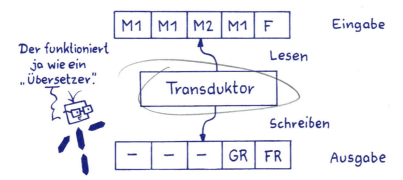

Mit diesem Automatenmodell erhält man eine abstrakte Beschreibung, mit der man die Funktionsweise vieler realer uns bekannter Automaten besser verstehen und auch „programmieren" kann.

69

IV | Ich kriege gleich Zustände!

Erkennende endliche Automaten

Manchmal müssen Automaten aber gar keine so komplizierte Ausgabe durchführen – etwa bei der Münzprüfung des Fahrkartenautomaten oder bei einer Türsteuerung mit Hilfe einer **PIN**-Eingabe. Hier reicht es, dass eine bestimmte Eingabe geprüft wird und dann als richtig oder als falsch erkannt wird.

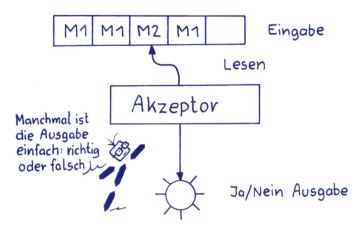

Die Zustandsübergangsfunktion besitzt bei diesen erkennenden Automaten keine Ausgabezeichen. Zusätzlich gibt es Zustände, in denen der Automat die Eingabe akzeptiert. Das ist dann die „Ausgabe" des Automaten. Man markiert diese akzeptierenden Zustände, bei denen der Automat die Eingabe akzeptiert, im Zustandsgraph meist mit einem Doppelkreis.

Ein **endlicher erkennender Automat** (**Akzeptor**) besteht aus folgenden Bestandteilen:

1. das **Eingabealphabet** E
2. die endliche Menge der **Zustände** Z
3. ein **Anfangszustand**
4. eine Menge von **akzeptierenden Zuständen** Z_A
5. eine **Übergangsfunktion** f, die den Zeichen aus E und Zustand Z genau einen neuen Zustand Z zuordnet

70

Wenn die Taste für die Fahrkarte nur aktiv sein soll, wenn genau der richtige Geldbetrag angezahlt worden ist, reicht ein Akzeptor. Die Zustandsübergangsfunktion hat als Eingabe nur die beiden Münzen M1 und M2, der akzeptierende Zustand 3 entspricht genau 3 Euro Einzahlung. Alle weiteren Münzen führen zur Überzahlung und damit in den Zustand 4, der nicht akzeptierend ist.

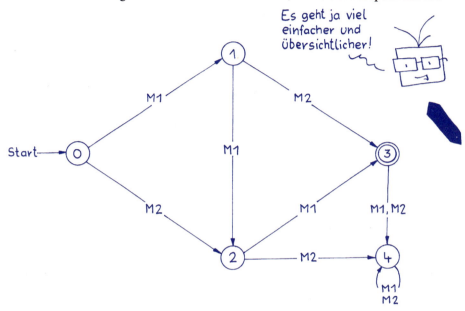

Bei diesem Automaten werden nur die korrekten Zeichenfolgen **M1 M1 M1**, **M1 M2** oder **M2 M1** akzeptiert. Diese Kombinationen aus Eingabezeichen, die man auch **Worte** nennt, bilden die sogenannte **Sprache** des Automaten.

IV | Ich kriege gleich Zustände!

Auch bei der Eingabe einer PIN (Persönliche Identifikationsnummer) zur Türöffnung oder am Geldautomaten muss ein Automat entscheiden, ob die eingegebene vierstellige PIN korrekt ist. Dieser Automat benötigt fünf Zustände, die hier aus Gründen der Übersichtlichkeit nicht mit 0 bis 4, sondern mit z_0 bis z_4 benannt werden, um sie besser von der Eingabe zu unterscheiden. Mit Hilfe dieser Zustände werden die eingegebenen Ziffern, hier „0079", „gespeichert". Bei der Eingabe einer falschen Ziffer gibt es keinen Zustandsübergang, so dass der Endzustand nicht erreicht werden kann und deshalb die PIN als falsch abgelehnt wird.

Nichtdeterministische Automaten

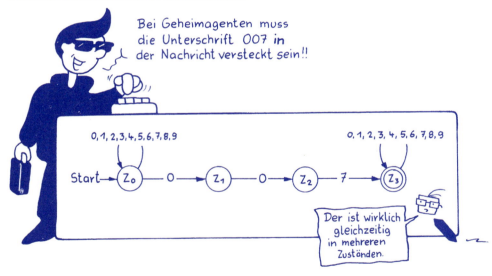

Bei der Eingabe einer PIN gibt es nur richtig oder falsch. Wie sieht dann der Automat aus, der die Nachricht des Geheimagenten Tom auf Korrektheit überprüfen kann? Dazu können vorher beliebige Ziffern stehen, dann kommt die Unterschrift 007 und danach können natürlich noch mal beliebige Ziffern folgen.

Oh, was ist denn da passiert? Man kommt aus dem Zustand z_0 mit der Eingabe der Zahl 0 sowohl in den Zustand z_0 als auch in den Zustand z_1. Dadurch ist die Übergangsfunktion nicht eindeutig und wir müssen beide Möglichkeiten testen, um zu entscheiden, ob die Eingabe akzeptiert werden kann. Solche Automaten nennt man **nichtdeterministisch**, sie können gleichzeitig in mehreren Zuständen sein! So wird vom Automaten nach Eingabe von 0 sowohl der Zustand z_0 als auch z_1 angenommen. Bei der Eingabe der nächsten 0 sind sogar drei Zustände möglich: z_0, z_1 und z_2. Wenn bei einer Entscheidung in mindestens einer Alternative ein Endzustand erreicht werden kann, dann wird das Wort akzeptiert. Anschaulich kann man sich das so vorstellen, dass der Automat alle Möglichkeiten durchprobiert und versucht, mit mindestens einer Möglichkeit zum Endzustand zu kommen.

 Ein **nichtdeterministischer erkennender Automat** besitzt eine nichteindeutige Zustandsübergangsfunktion, die einem Zeichen aus dem Eingabealphabet E und einem Zustand Z mehrere Nachfolgezustände zuordnen kann. Er akzeptiert eine Eingabe, wenn es für die Eingabe mindestens einen möglichen Weg durch den Graphen zu einem Endzustand gibt.

Da ein nichtdeterministischer Automat gleichzeitig in mehreren Zuständen ist, ist er nicht so einfach zu verstehen. Was für Vorteile hat denn dann der Nichtdeterminismus? Das wird deutlich, wenn man das Problem ohne Nichtdeterminismus löst. Der Automat wird dann deutlich komplizierter, da er bei jeder falschen Ziffer, die vor der 007-Folge steht, wieder in den Ausgangszustand zurückkehren muss.

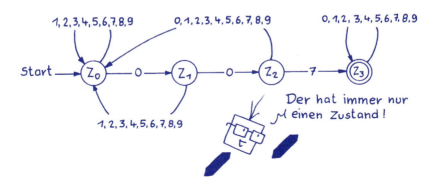

IV | Ich kriege gleich Zustände!

 Es gibt natürlich noch Automaten, die deutlich mehr können und damit komplizierter sind. Mehr Infos zu diesen **Kellerautomaten** und **Turingmaschinen** auf der Webseite.

Erkenntnisse dieses Kapitels

- Automaten sind ein wichtiges Modell der Informatik, mit dem man auch reale Automaten beschreiben kann.

- Automaten

    - lesen bestimmte **Eingabe**folgen,

    - speichern ihr Wissen mit Hilfe von **Zuständen** und

    - erzeugen dabei eine **Ausgabe**. Dieses kann eine Zeichenfolge sein oder auch nur eine Ausgabe wahr/falsch.

- **Nichtdeterministische Automaten** verhalten sich auch nach festen Regeln, können jedoch gleichzeitig in mehreren Zuständen sein.

- Je mehr Zustandsmöglichkeiten ein Automat besitzt, desto komplexere Eingabefolgen kann er erkennen. Diese akzeptierten Eingabefolgen oder **Wörter** bilden die **Sprache** des Automaten.

KAPITEL V

WENN ES KLAPPT, DANN KANN ES DAUERN

Wenn es klappt, dann kann es dauern
Berechenbarkeit und Komplexität

Berechenbarkeit

Lisa sitzt vor einer schwierigen Mathematikaufgabe. Die von Hand zu lösen, würde Stunden dauern. Sie fragt Tom, ob er ihr nicht schnell ein Programm schreiben könne, das die Aufgabe löst, denn der Computer kann ja alles schnell berechnen. Tom versucht ihr zu erklären, dass ein Computer auch nicht immer schnell ist. Verschiedene Prozesse und Teile von Programmen müssen bearbeitet werden und dafür benötigt jeder Prozess Rechenzeit. Die Rechenzeiten der Prozesse unterscheiden sich und müssen von einem weiteren Prozess organisiert werden, der wiederum Rechenzeit benötigt. Als er an dieser Stelle ankommt, unterbricht ihn Lisa. Das sei alles interessant, aber lässt sich das nicht auch einfacher erklären?

Berechenbarkeit und Komplexität V

Tom erzählt ihr von einer sogenannten **Registermaschine**, die alles kann, wozu auch ein moderner PC fähig ist. Der Speicher einer solchen Maschine besteht aus sogenannten Registern, die einfach durchnummeriert sind; daher der Name. Registermaschinen sind im Vergleich zu modernen Computern viel leichter zu verstehen, dafür sind sie aber auch um ein Vielfaches langsamer. Eine Registermaschine wird mit einem Programm gespeist, das aus einer Reihe von einfachen Befehlen besteht, z.B. LOAD, STORE, ADD, GOTO.

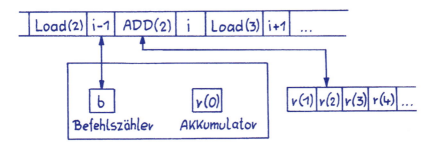

Die einzelnen Zeilen des Programms sind durchnummeriert. Um sich zu merken, welche Befehlszeile als Nächstes bearbeitet werden muss, gibt es einen Befehlszähler. Die Daten können aus den Registern in den Akkumulator geladen und dort durch die Befehle bearbeitet werden.

Lisa unterbricht ihn wieder an dieser Stelle. Da muss man sich ja hier jede Menge Befehle und Begriffe merken. Sie fragt Tom, ob man einen Rechner nicht ohne die vielen verschiedenen Befehle erklären könne.

V | Wenn es klappt, dann kann es dauern

Man kann einen Rechner noch auf eine andere Art modellieren, mit der sogenannten deterministischen Turingmaschine, kurz DTM. Diese Maschinen sind ein theoretisches Rechenmodell, für das man Programme erstellen kann, die das Gleiche berechnen wie eine Registermaschine. Dabei haben sie jedoch nur wenige mögliche Operationen.

Eine Turingmaschine besteht aus einem Schreib-/Lesekopf und einem unendlich langen Band, das als Speicher dient. Das Band ist in Zellen eingeteilt, in die verschiedene Symbole geschrieben werden können. Ist eine Zelle leer, wird das hier mit „_" gekennzeichnet.

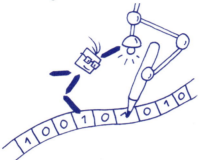

Eine DTM benötigt noch ein Programm und eine Menge verschiedene Symbole, die vom Band gelesen oder auf das Band geschrieben werden können.

 Das hier verwendete Alphabet Σ besteht aus den Symbolen „0, 1, _". In anderen Darstellungen kann es aber auch aus anderen Symbolen und einer anderen Anzahl von Symbolen bestehen.

Die Anzahl der Symbole von Σ ist aber immer endlich. Zu Beginn eines Programms kann eine Eingabe auf dem Band stehen, wobei sich dann der Schreib-/Lesekopf immer am linken Ende der Eingabe befindet.

Das Programm einer Turingmaschine besteht aus einer endlichen Menge von Zuständen $Q = \{q_0, q_1, \ldots, q_{n-1}\}$ und einer endlichen Menge δ von Übergangsfunktionen, die das Verhalten der DTM, wie Lesen oder Schreiben, festlegen. Zudem werden im Allgemeinen zwei weitere Zustände benötigt: ein Zustand, in dem das Programm akzeptierend beendet wird, q_{accept}, und einer, in dem das Programm ablehnend beendet wird, q_{reject}. Die Übergangsfunktionen regeln, was passiert, wenn sich die Turingmaschine in einem bestimmten Zustand befindet und ein Symbol vom Band liest. Dann wird der Zustand gewechselt, ein Symbol auf das Band geschrieben und der Schreib-/Lesekopf nach rechts oder links bewegt. Mathematisch schreibt man:

$$\delta\ (Q,\Sigma) \rightarrow (Q,\ \Sigma,\ \{R,L\})$$

Die Programme können in Tabellenform geschrieben werden. Wenn sich z.B. die DTM im Zustand q_0* befindet und eine 1** liest, wechselt die DTM in den Zustand q_1***, schreibt eine 1**** und bewegt den Schreib-/Lesekopf nach rechts*****.

Zu Beginn befindet sich hier ein Programm immer im Zustand q_0.

δ	0	1**	_
q_0*	$(q_0,\ 0,\ R)$	$(q_1$***$,1$****$,\ R$*****$)$	$(q_{reject},\ \_,R)$
q_1	$(q_0,\ 0,\ R)$	$(q_1,\ 1,\ R)$	$(q_{accept},\ \_,\ R)$

Bei diesem Programm wird der Schreib-/Lesekopf der DTM einfach nur so lange nach rechts bewegt, bis das erste „_"-Symbol gelesen wird. Die Maschine hält nur dann im akzeptierenden Zustand, wenn die Eingabe mit einer 1 endet. Ansonsten ist die Eingabe für diese DTM ungültig.

Ist beispielsweise die Eingabe „011", werden die folgenden Schritte durchgeführt:

| 1 | Die DTM ist im Zustand q_0 und liest eine 0. Sie bleibt im Zustand q_0, schreibt eine 0 und bewegt den Kopf nach rechts. Formal schreibt man: $(q_0 ,0) \rightarrow (q_0,\ 0,\ R)$ | |

2	Die DTM ist im Zustand q_0 und liest eine 1. Sie wechselt in den Zustand q_1, schreibt eine 1 und bewegt den Schreib-/Lesekopf nach rechts. $(q_0, 1) \rightarrow (q_1, 1, R)$	
3	Die DTM ist im Zustand q_1 und liest eine 1. Sie bleibt im Zustand q_1, schreibt eine 1 und bewegt den Schreib-/Lesekopf nach rechts. $(q_1, 1) \rightarrow (q_1, 1, R)$	
4	Die DTM ist im Zustand q_1 und liest ein _. Sie wechselt in den Zustand q_{accept}, schreibt ein _ und bewegt den Schreib-/Lesekopf nach rechts. $(q_1, \_) \rightarrow (q_{accept}, \_, R)$	

Mit Turingmaschinen lassen sich so verschiedene Berechnungen durchführen. Außerdem kann man untersuchen, ob Eingaben gewisse Eigenschaften haben, z.B. ob die Eingabe, wie hier, mit einer 1 endet. Eingaben werden auch als Worte bezeichnet. Mengen, die aus **Worten** bestehen, die alle mindestens eine gemeinsame Eigenschaft haben, werden als **Sprache** bezeichnet. Ein Beispiel hierfür ist die Sprache **Palindrom**. Ein Palindrom ist ein Wort, das vorwärts und rückwärts gelesen dasselbe ergibt. In der natürlichen Sprache ist z.B. „anna" oder „draculasalucard" ein Palindrom; „dampfschifffahrt" hingegen nicht.

Das Alphabet der hier verwendeten Turingmaschinen besteht nur aus den Symbolen 0 und 1. Die im Folgenden vorgestellte Turingmaschine kann also nur untersuchen, ob eine Folge von Einsen und Nullen ein Palindrom bilden. Diese Maschine guckt sich zuerst das erste Symbol an, merkt sich dieses und löscht es vom Band. Zum Markieren, welche Symbole vom Band schon gelesen worden sind, würde ein größeres Bandalphabet benötigt. Stattdessen kann hier das vorderste Symbol gelöscht werden, weil es nur mit dem letzten Zeichen auf dem Band verglichen werden muss. Der Schreib-/Lesekopf wird nach rechts bewegt, bis das letzte Symbol erreicht ist. Wenn das letzte Symbol mit dem gespeicherten nicht übereinstimmt, stoppt die Maschine und lehnt das Wort mit q_{reject} ab. Stimmen die Symbole überein, löscht sie das letzte Symbol vom Band und der Schreib-/Lesekopf wird so lange nach links bewegt, bis das erste „_" gefunden wird. Der Kopf wird dann um eine Position nach rechts bewegt und das Symbol gelesen. Ist dieses Symbol wiederum ein „_", hält die Turingmaschine akzeptierend; ansonsten wird der Algorithmus von vorne ausgeführt.

δ	0	1	_
q_0	$(q_1, \_, R)$	$(q_2, \_, R)$	$(q_{accept}, \_, L)$
q_1	$(q_1, 0, R)$	$(q_1, 1, R)$	$(q_3, \_, L)$
q_2	$(q_2, 0, R)$	$(q_2, 1, R)$	$(q_4, \_, L)$
q_3	$(q_5, \_, L)$	$(q_{reject}, 1, L)$	$(q_{accept}, \_, L)$
q_4	$(q_{reject}, 0, L)$	$(q_5, \_, L)$	$(q_{accept}, \_, L)$
q_5	$(q_5, 0, L)$	$(q_5, 1, L)$	$(q_0, \_, R)$

 Eine äquivalente Darstellung der Tabelle als Graph kann man auf der Website zum Buch im Internet sehen.

Die Turingmaschine kann sich Symbole merken, ohne diese auf das Band zu schreiben. Dies funktioniert, indem die Maschine bei dem einen Symbol in den einen und bei einem anderen Symbol in einen anderen Zustand wechselt und von dort aus auf unterschiedliche Weise weiterarbeitet. Man sagt auch, dass das Symbol im Zustand gespeichert wird.

Bei der DTM, die die Sprache Palindrom entscheidet, kann man das an dem Zustand q_0 sehen: Wird am Anfang eine 0 gelesen, wechselt die Turingmaschine in Zustand q_1 und geht nach rechts; liest sie eine 1, so wechselt sie in q_2 und geht ebenfalls nach rechts.

V | Wenn es klappt, dann kann es dauern

Mit Turingmaschinen kann man dasselbe machen wie mit einem PC, jedoch unterscheiden sich die bisher betrachteten von normalen Computern in einem wesentlichen Punkt: Sie können nur eine Funktion berechnen, während Computer eine Vielzahl verschiedener Programme durchführen können. Man kann jedoch die Funktionsweise einer Turingmaschine als eine Folge von Einsen und Nullen codieren. Eine solche Codierung nennt man **Gödelnummer**. Wie eine solche Turingmaschine genau aussieht, die so **codiert** wurde, wird hier nicht beschrieben. In der Informatik schreibt man für eine codierte DTM M kurz $<M>$. Wird der Codierung eine zusätzliche Eingabe w, die aus Zeichen aus der Menge Σ besteht, übergeben, schreibt man $<M>w$. Diese zusammengesetzte Eingabe kann man dann einer sogenannten **Universellen Turingmaschine** übergeben, die dann die codierte DTM M mit der Eingabe w simuliert.

82

Neben der Simulation von Computern kann man mit Turingmaschinen eine weitere wichtige Sache machen: Man kann zeigen, dass es Probleme gibt, die **nicht berechenbar** sind. Ein bekanntes Beispiel hierfür ist das sogenannte **Halteproblem**. Die Frage, die sich stellt, ist, ob eine DTM konstruiert werden kann, die entscheidet, ob eine beliebige, codierte DTM $<M>$ mit einer Eingabe w hält oder ob sie in eine Endlosschleife läuft. Die Menge der Worte, die aus einer codierten DTM $<M>$ bestehen, die mit einer Eingabe w halten, wird kurz als H bezeichnet; die codierte Turingmaschine zu der Sprache Palindrom mit einer beliebigen endlichen Eingabe ist ein Wort der Sprache H, da sie sicher im Zustand q_{accept} oder q_{reject} hält. Die Menge H wird formal beschrieben durch:

$$H := \{<M>w, \text{ für die gilt DTM M hält bei Eingabe } w\}$$

Eine solche DTM, die entscheidet, ob ein Wort ein Element der Sprache Halteproblem ist, kann man jedoch nicht konstruieren. Dies kann man über die sogenannte **Diagonalisierung** beweisen. Daraus, dass es keine Turingmaschine zur Lösung des Halteproblems gibt, folgt direkt, dass dieses Problem auch mit keinem heute bekannten Computer gelöst werden kann. Dass nicht zu berechnende Probleme existieren, war eine Revolution in der Mathematik – die Informatik gab es damals jedoch noch nicht. Das kann man sich an verschiedenen Paradoxa klarmachen, die nicht widerspruchsfrei gelöst werden können.

Ein Beispiel hierfür ist der bartlose Barbier eines Dorfs, der genau die Männer des Orts rasiert, die sich nicht selbst rasieren. Was ist mit dem Barbier selbst?

Wenn er sich nicht selbst rasiert, rasiert er nicht alle Männer, die sich nicht selbst rasieren. Wenn er sich aber selbst rasiert, rasiert er auch mindestens einen Mann, der sich selbst rasiert.

Wenn eine Turingmaschine mit einer Eingabe hält, ist sie sicher ein Element der Sprache Halteproblem. Wenn man eine DTM simuliert und diese anscheinend nicht hält, kann man nicht sicher sagen, dass die Codierung der Turingmaschine kein Element der Sprache Halteproblem ist – sie könnte ja im nächsten Schritt halten.

 **Beachte!** Man kann für ein beliebiges Wort nicht berechnen, dass es nicht in H liegt.

Sprachen, wie z.B. Palindrom, nennt man **entscheidbar** oder **rekursiv**, wenn es eine Turingmaschine gibt, die bei allen Eingaben **terminiert** und die nur für Worte aus der Sprache im akzeptierenden Zustand hält.

Sprachen, wie das Halteproblem, nennt man **semi-entscheidbar** oder **rekursiv aufzählbar**, wenn es eine Turingmaschine gibt, die genau für die Eingaben akzeptierend hält, die ein Teil der Sprache sind, aber nicht halten, falls die Eingabe nicht zur Sprache gehört.

Es gibt auch Sprachen, die weder rekursiv noch rekursiv aufzählbar sind. Ein Beispiel hierfür ist das Komplement des Halteproblems. In dieser Sprache liegen nur Worte $<M>w$, bei denen die Turingmaschine M nicht mit der Eingabe w hält. Das sind **nicht rekursiv aufzählbare** Sprachen.

Komplexität

Im Gegensatz zu einer subjektiven Bewertung der Schwierigkeit von Problemen gibt es in der Informatik eine objektive Einteilung verschiedener Probleme in verschiedene Komplexitätsklassen. Hier werden die Algorithmen nach ihrer Laufzeit der jeweiligen Klasse zugeteilt. Wo Menschen dasselbe Problem als unterschiedlich schwer empfinden, ist die Einteilung in die Komplexitätsklassen eindeutig.

V | Wenn es klappt, dann kann es dauern

Die **Laufzeit** eines Algorithmus gibt an, wie viele Rechenschritte benötigt werden, um eine Lösung zu berechnen. Dabei wird im Allgemeinen die Länge der binär codierten Eingabe als Bezug genommen (Problemgröße); diese Länge ist eine natürliche Zahl und wird hier immer als n bezeichnet. Will man in einer unsortierten n-elementigen Eingabe ein bestimmtes Element finden, muss man im schlimmsten Fall alle n Elemente testen. Es werden also maximal n Rechenschritte benötigt, das ist auch die Laufzeit für einen solchen Algorithmus; man sagt auch, dass der Algorithmus eine lineare Laufzeit in der Eingabe hat.

Wenn sich die Laufzeit des bestmöglichen Algorithmus für die ungünstigste Eingabe durch ein **Polynom** abschätzen lässt, wie z.B. durch n^3 oder n^4, sagt man, der Algorithmus habe polynomielle Laufzeit. Abschätzen bedeutet hier die Angabe einer Schranke, die nicht überschritten wird, dabei werden aber konstante Faktoren ignoriert und man betrachtet nur den größten Teil des Terms. Werden z.B. zur Durchführung eines Algorithmus höchstens $1{,}7 \cdot n^3 + 4 \cdot n + 2$ Rechenschritte benötigt, schätzt man dies durch n^3 ab.

Werden für die Durchführung eines Algorithmus so viele Schritte benötigt, dass diese nur noch durch eine **Exponentialfunktion** mit n im Exponenten abgeschätzt werden können, wie z.B. durch 2^n oder 3^n, sagt man, dass der Algorithmus eine exponentielle Laufzeit hat. Wenn also ein Algorithmus die Laufzeit 2^n hat, so müssen doppelt so viele Rechenschritte durchgeführt werden, wenn die Eingabelänge von n auf $n+1$ erhöht wird. Solche Algorithmen können im Allgemeinen nicht in einer vertretbaren Zeit ausgeführt werden; auch wenn die Computer immer schneller werden.

In der **Komplexitätstheorie** ist die Klasse **NP** von besonderem Interesse. Die Abkürzung NP steht für **nichtdeterministisch** polynomiell und bedeutet, dass es nichtdeterministische Turingmaschinen gibt, die die Probleme aus NP mit polynomiell vielen Rechenschritten lösen können. Die Klasse NP beinhaltet alle Probleme, die in endlicher, also auch exponentieller Zeit gelöst werden können, aber bei denen schnell überprüft werden kann, ob eine Lösung korrekt ist.

Schnell heißt hier, dass der Algorithmus zum Verifizieren der Lösung nur **polynomiell** viele Rechenschritte benötigt. Dass es zu einem Problem einen Algorithmus gibt, der nach endlich vielen Schritten terminiert, kann z.B. mit einer Turingmaschine gezeigt werden. Das Berechnen einer Lösung kann jedoch sehr lange dauern. Daher bedient man sich hierbei eines Tricks. Man nimmt an, dass es einen **allwissenden Partner** gibt, der einem die Lösung zu einem Problem verrät. Ein solches Programm gibt es sicher nicht, aber wenn man dann jede theoretisch gegebene Lösung zu einem Problem mit geringem Aufwand überprüfen kann, liegt das gesamte Problem in NP.

Ein Beispiel hierfür ist eine **Rundreise** durch verschiedene Städte, wobei jede Stadt genau einmal besucht wird und die Reise dort enden soll, wo sie begonnen wurde – es wird ein sogenannter **Hamilton-Kreis** gesucht. Die Städte sind über Straßen miteinander verbunden, aber nicht jede Stadt mit allen anderen.

 **Beachte!** Beim Hamilton-Kreis soll jede Stadt besucht und kein kürzester Weg gefunden werden.

| V | Wenn es klappt, dann kann es dauern

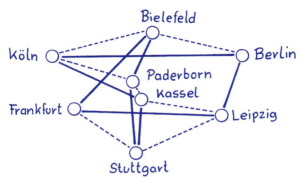

Eine Lösung, die der Partner bieten kann, ist eine Liste der Städte in der Reihenfolge, in der sie besucht werden müssen. Es ist leicht zu überprüfen, ob der Partner eine richtige Lösung gegeben hat. Als Erstes kann man prüfen, ob jede Stadt genau einmal in der Liste auftritt – wenn nicht, ist die Lösung ungültig. Diese Überprüfung kann man in polynomieller (linearer) Zeit machen. Dann prüft man, ob zwischen allen Städten, die nacheinander in der Liste stehen, eine Straße existiert; wenn nicht, ist die Lösung auch ungültig. Auch diese Überprüfung benötigt nur polynomielle Zeit. Als Letztes muss man noch prüfen, ob die letzte Stadt in der Liste mit der Stadt verbunden ist, von der aus die Reise gestartet wurde. Gehen alle diese Tests positiv aus, ist die Rundreise gültig.

Diese **Verifikation** funktioniert in polynomieller Zeit für alle Lösungen, die ein allwissender Partner geben kann, daher liegt das Hamiltonscher-Kreis-Problem in NP. Andere Probleme, die in der Klasse NP liegen, sind z.B. Suchprobleme (Name im Telefonbuch), Sortierprobleme (Sortieren von Karten), Packprobleme (Packen des Kofferraums) und vieles mehr.

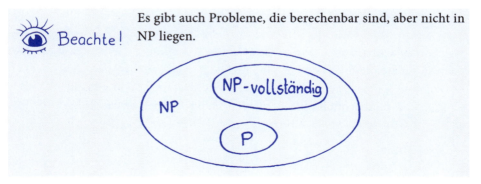

Beachte! Es gibt auch Probleme, die berechenbar sind, aber nicht in NP liegen.

Berechenbarkeit und Komplexität V

Die Klasse NP wird in weitere Teilmengen eingeteilt, wobei zwei Mengen besonders interessant sind: die Menge **P**, die alle Probleme in NP beinhaltet, zu denen es einen Algorithmus gibt, der nur polynomiell viele Rechenschritte zum Finden einer Lösung benötigt, und die Menge der **NP-vollständigen** Probleme. Es gibt aber noch einen ganzen Zoo von anderen Problemmengen innerhalb und außerhalb von NP.

In der Menge der NP-vollständigen Probleme benötigen alle bekannten Algorithmen zum Lösen exponentiell viele Rechenschritte. Ob diese Probleme schneller, nämlich mit polynomieller Laufzeit, gelöst werden können, ist eine wichtige Frage in der Mathematik und der Informatik. Die Frage, ob P = NP gilt, ist eines der noch offenen **Millennium-Probleme**, für deren Lösung man 1 Mio. Dollar erhält. Die Antwort auf diese Frage ist nicht bekannt, jedoch:

 Es genügt, für ein einziges Problem, das NP-vollständig ist, einen Algorithmus anzugeben, der polynomielle Laufzeit hat, um zu zeigen, dass auch für alle anderen NP-vollständigen Probleme ein solcher Polynomialzeit-Algorithmus existiert.

Dies funktioniert, weil man jedes NP-vollständige Problem durch jedes beliebige andere NP-vollständige Probleme lösen kann – man sagt, dass man die Probleme mit polynomiell vielen Rechenschritten aufeinander reduzieren kann. Eine polynomielle **Reduktion** ist also das allgemeine Lösen eines Problems mit einem Algorithmus, der ein anderes Problem löst. Dabei dürfen aber nur polynomiell viele zusätzliche Rechenschritte benötigt werden, um die Eingabe des einen Problems in die Eingaben des anderen Problems umzuwandeln.

Ein Beispiel hierfür ist das Multiplizieren zweier Zahlen, mit endlich vielen Nachkommastellen, mit einem polynomiellen Algorithmus, der ausschließlich zwei ganze Zahlen multiplizieren kann. Wie das Verfahren aussieht, mit dem zwei ganze Zahlen multipliziert werden, kann hierbei vernachlässigt werden. Dieser Algorithmus rechnet immer richtig und steckt in einer sogenannten **Black-Box**.

V | Wenn es klappt, dann kann es dauern

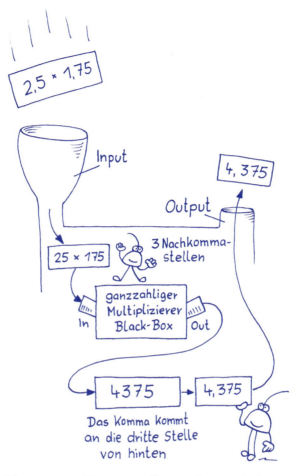

Um zwei Zahlen mit Nachkommastellen in dieser Black-Box miteinander zu multiplizieren, müssen diese Zahlen mit einer festen Funktion verändert werden. Zuerst werden von beiden Zahlen die Stellen nach dem Komma gezählt und die Gesamtzahl der Stellen wird in der Variable k gespeichert. Anschließend werden von beiden Zahlen die Kommata gelöscht. Diese beiden Zahlen werden der Black-Box übergeben, in der dann das Produkt der beiden Zahlen berechnet und anschließend ausgegeben wird. In dieses Ergebnis wird ein Komma an der Stelle gesetzt, an der genau k Ziffern folgen; wenn das nicht geht, werden so viele Nullen vor das Ergebnis geschrieben, bis es funktioniert. Diese Zahl ist das Ergebnis der gewünschten Multiplikation und kann ausgegeben werden.

Berechenbarkeit und Komplexität | V

Bei der Umwandlung der ursprünglichen Eingabe für die Berechnung, in eine Eingabe, die von der Black-Box bearbeitet werden kann, werden nur polynomiell viele Rechenschritte benötigt; ebenso beim Umwandeln der Ausgabe der Black-Box in das gewünschte Ausgabeformat. In der Informatik sagt man, dass die Komma-Multiplikation nicht wesentlich schwieriger ist als die ganzzahlige Multiplikation. Kurz schreibt man:

$$\text{Komma - Multiplikation} \leq_p \text{ganzzahlige Multiplikation}$$

Das zusätzliche p am $\leq$ bedeutet, dass für die Umwandlungen nur polynomiell viele Rechenschritte benötigt werden.

Man kann alle Elemente, die in der Menge P liegen, mit polynomiellem Zeitverlust aufeinander reduzieren, genauso kann man auch alle NP-vollständigen Probleme aufeinander reduzieren. Eine Reduktion von einem Problem aus P auf ein Problem, das NP-vollständig ist, ist ebenfalls möglich, wobei die Laufzeit durch den Algorithmus in der Black-Box exponentiell erhöht wird. Das ist auch klar, dass Probleme, die polynomiell schnell gelöst werden können, mit einem exponentiellen Verfahren bearbeitet werden können. Dadurch ist die Reduktion aber nicht mehr polynomiell. Eine Reduktion von einem NP-vollständigen Problem auf ein Problem, das in P liegt, ist im Moment jedoch nicht bekannt und es ist möglich, dass es eine solche Reduktion auch nicht geben kann. Denn daraus würde folgen, dass P = NP gilt.

Viele Probleme, die auf den ersten Blick einfach erscheinen, sind bei näherer Betrachtung NP-vollständig; z.B. das optimale Packen eines Rucksacks, das **Traveling-Salesman-Problem** (TSP) oder das zuvor beschriebene **Hamiltonscher-Kreis-Problem** (HC). Bei diesen und vielen anderen Problemen täuscht die Intuition.

91

V | Wenn es klappt, dann kann es dauern

Das TSP ist dem HC sehr ähnlich. Bei HC stellt man sich die Frage, ob eine Rundreise in einem Graph existiert, bei der jede Stadt genau einmal besucht wird. Bei TSP wird die Frage gestellt, ob in einem vollständigen und kantengewichteten Graphen eine Rundreise existiert, bei der jede Stadt genau einmal besucht wird. Vollständig bedeutet, dass jeder Knoten mit allen anderen verbunden ist, und das Kantengewicht kann z.B. die Distanz der damit verbundenen Knoten sein. Das Gesamtgewicht der Rundreise muss hierbei kleiner als ein gegebenes k sein. Man kann zeigen, dass HC $\leq_p$ TSP gilt. NP-vollständige Probleme lassen sich im Allgemeinen nicht in vernünftiger Zeit lösen. Aber manchmal ist das auch gar nicht nötig. Oft reicht eine angenäherte Lösung, die dafür aber schnell berechnet werden kann.

 Eine Annäherung, die immer nur um einen konstanten Faktor schlechter ist als eine optimale Lösung, nennt man eine Approximation.

Manchmal benötigt man aber auch Probleme, bei denen es sehr schwer ist, eine Lösung zu bestimmen.

Dies wird z.B. in der Kryptografie eingesetzt. Hierbei wird ausgenutzt, dass man verschiedene Funktionen sehr schwer berechnen kann, wenn man ein Geheimnis nicht kennt.

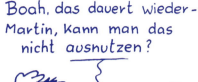

Erkenntnisse dieses Kapitels

- **Turingmaschinen** können alles, was ein heutiger Computer auch kann. Dabei sind sie jedoch um einen polynomiellen Faktor langsamer.
- Mit der hier vorgestellten Art von Maschinen lassen sich normale PCs simulieren, wobei es nur endlich viele Zustände und **Symbole** gibt. Mit Turingmaschinen kann man zeigen, dass es Probleme gibt, die mit keinem heute bekannten Computer gelöst werden können.
- Die Klasse **NP** ist von besonderem Interesse in der Informatik. Sie enthält nur Probleme, die **entscheidbar**, also **berechenbar** sind. In dieser Klassen liegen sowohl leicht zu berechnende Probleme, als auch schwer zu berechnende Probleme.
- Die Frage, ob $P \neq NP$ gilt, ist nicht beantwortet.
- Wenn man für ein einziges **NP-vollständiges** Problem einen Algorithmus hat, der in der Eingabe eine polynomielle Laufzeit hat, liegen alle NP-vollständigen Probleme in P.
- Wenn man ein Problem nicht in vernünftiger Zeit lösen kann, kann man versuchen, es zu **approximieren**.

KAPITEL VI

OHNE MEINE SOFTWARE TUE ICH NICHTS

Ohne meine Software tue ich nichts
Computerprogramme und Sprache

Booten – Lisas Computer rappelt sich auf

Immer, wenn wir einen Computer einschalten, sieht es für uns Menschen so aus, als passiere erst einmal eine Weile nichts, doch der Schein trügt: Ein Computer muss erst mal auf die Beine kommen, gewissermaßen „das Laufen lernen".

„**Booten**" steht als Kurzform für „bootstrapping", einer (amerikanischen) Vorstellung von „sich an den eigenen Stiefeln aus dem Sumpf zu ziehen"; in Anlehnung an die Geschichte mit dem **Baron von Münchhausen**, der sich am eigenen Schopf aus dem Sumpf zieht.

Computerprogramme und Sprache | VI

Booten bedeutet also, dass sich der Computer selbst hochzieht, man sagt umgangssprachlich auch: „Er fährt hoch."

Aus technischer Sicht startet unmittelbar nach dem Einschalten des Computers ein Programm, das auf einem Speicherchip abgelegt ist, der durch Batterie oder Akku mit Strom versorgt wird, damit er seine Informationen behält.

 Booten ist ein Mechanismus, durch den Software gestartet wird, die wiederum komplexere Software, das Betriebssystem, startet.

Erst nach diesem Vorgang können wir dem Computer Arbeitsaufträge erteilen, indem wir z.B. für das Tippen eines Briefs ein Textverarbeitungsprogramm starten. Derartige **Anwendungsprogramme**, die häufig schon beim Kauf eines Computers installiert sind, gibt es u.a. zur Tabellenkalkulation, zur Erstellung von Präsentationen, zum Zeichnen, für Spiele und zur Bildbearbeitung.

Es ist jedoch auch möglich, selbst entwickelte Problemlösungen auf den Computer zu übertragen. Das Bindeglied in der Kommunikation zwischen Mensch und Computer bilden künstliche, **formale Sprachen**, die **Programmiersprachen**.

Warum aber braucht man eigentlich spezielle Programmiersprachen und warum teilen wir unsere Aufträge dem Computer nicht in unserer natürlichen Sprache mit?

Kommunikation – sprechen Computer anders als Menschen?

Bereits die sprachliche Kommunikation zwischen Menschen kann sich in bestimmten Fällen schwierig gestalten und manchmal muss man schon einer bestimmten Personengruppe angehören, um mitreden zu können. So benutzen z.B. Jäger ganz bestimmte Ausdrücke und Redewendungen, die für Außenstehende oft nur schwer verständlich sind. Ähnliches gilt für die Sprache von Medizinern oder Computernutzern.

VI | Ohne meine Software tue ich nichts

In bestimmten Bereichen benutzen Menschen in der Kommunikation untereinander aber auch formale Sprachen: Man denke an die Formelsprache der Mathematik, an chemische Formeln oder die Notenschrift in der Musik.

Der folgende Text dokumentiert Kommunikation der besonderen Art:

In natürlichen Sprachen entstehen laufend neue Wortgebilde, man denke an den alljährlich vergebenen Titel „Unwort des Jahres". Daneben gibt es Wörter, deren Bedeutungen sich im Lauf der Zeit verändern.

Ihre Eigenschaft, dass sie zu unpräzise und manchmal auch mehrdeutig sind, macht natürliche Sprachen als Werkzeug für die Übertragung einer eigenen Problemlösung auf den Computer unbrauchbar.

Zurzeit müssen wir unsere **Anweisungen** noch dem Computer anpassen und nicht umgekehrt, damit er uns „verstehen" kann.

Computerprogramme und Sprache | VI

Formale Sprachen sind Sprachen, die ein Computer „versteht". Sie werden über formale Grammatiken definiert, deren Regeln vorschreiben, in welcher Art und Weise die bedeutungstragenden Bausteine eines Alphabets, bestehend aus Symbolen, Buchstaben oder Ziffern, aneinandergefügt werden dürfen.

Computersprache

Bei den ersten Rechenanlagen hat man die Lösung eines Problems, das sich mittels einer formalen Darstellung beschreiben ließ, in Form eines **Programms** fest verdrahtet, indem elektronische Bauelemente entweder fest miteinander verlötet oder zusammengesteckt wurden.

Rechenmaschine und Programm waren so für eine ganz bestimmte Aufgabe „programmiert" und bildeten eine Einheit.

Mit der Idee, das Programm selbst im Speicher abzulegen, entstanden Maschinen, die flexibel für verschiedene Aufgaben einsetzbar waren. Zunächst wurden diese Maschinen noch über **Maschinensprachen** gesteuert.

Das ist ein Maschinenbefehl im Maschinencode, den der Computer im Befehlsregister verarbeiten kann. Für Menschen ist er fast unlesbar.

1111 1010 0001 0001 0000 0000 0000 1000 0000 0000 1001

Assemblerprogramme erfordern noch viel Spezialwissen über interne Strukturen und Eigenschaften eines Computersystems.

Mit der Entwicklung von **Übersetzern** und Interpretern konnte die Formulie-

VI | Ohne meine Software tue ich nichts

rung von Problemlösungen in **höheren Programmiersprachen** erfolgen und die Programmierer konnten sich jetzt auf die Lösung des eigentlichen Problems konzentrieren.

Ende der 1950er Jahre entstanden für die Umsetzung von Algorithmen in verschiedenen Anwendungsgebieten die ersten problemorientierten Programmiersprachen.

Computerprogramme und Sprache | VI

Aber warum gleich mehrere Sprachen?

Die Anwendungsbereiche für **Programmiersprachen** sind sehr breit gestreut. Eine universelle Sprache müsste sehr komplex sein. Deshalb wurden für das Programmieren innerhalb bestimmter Problembereiche (mathematische, technische, kaufmännische, ...) auch verschiedene Programmiersprachen entwickelt.

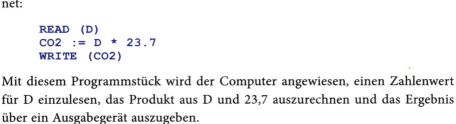

In dem folgenden Beispiel einer Berechnung aus dem technischen Bereich wird der **CO_2-Ausstoß** eines Benzin-PKW auf 100 km, gemessen in Gramm, aus dem Durchschnittsverbrauch D errechnet:

```
READ (D)
CO2 := D * 23.7
WRITE (CO2)
```

Mit diesem Programmstück wird der Computer angewiesen, einen Zahlenwert für D einzulesen, das Produkt aus D und 23,7 auszurechnen und das Ergebnis über ein Ausgabegerät auszugeben.

Wirklich Sinn macht dieses Programm aber nur, wenn die Berechnung sehr oft und mit verschiedenen Eingabewerten für D durchzuführen ist.

D und CO_2 sind dabei sogenannte **Variablen**; das sind Speicherplätze, denen man in einem Programm einen Namen zuweist, wobei sich deren Inhalt, in diesem Beispiel Zahlenwerte, während eines Programmablaufs verändern kann.

Konstanten hingegen bleiben während der Laufzeit eines Programms unverändert (im Beispiel die Zahl 23,7 – in Programmiersprachen als 23.7 geschrieben).

Für ein solches in einer höheren Programmiersprache formuliertes Programm gibt es verschiedene Bezeichnungen: **Quellprogramm, Quellcode** oder **Sourcecode**

Syntax und Semantik – Wortschatz alleine reicht nicht!

Egal, ob künstliche oder natürliche Sprache: Es gibt feste **Regeln** zur Bildung von Wörtern und Sätzen. Sofern es dabei nicht um deren Bedeutung, sondern ausschließlich um deren Form geht, ist dies Gegenstand der **Syntax**. Sie bestimmt, welche Wörter und Sätze in einer Sprache erlaubt sind.

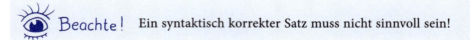

Beachte! Ein syntaktisch korrekter Satz muss nicht sinnvoll sein!

Die **Semantik** bezeichnet den Bedeutungsgehalt eines speziellen Zeichens, eines Worts oder eines Satzes. Inhalte können aber unterschiedlich verstanden und gedeutet werden, was davon abhängt, wer was zu wem sagt. Ein gestoppter Autofahrer meint mit „Bulle" möglicherweise den gerade unbeliebten Polizisten. Ein Bauer hingegen, der seinen Sohn beauftragt, die Bullen einzufangen, möchte sicherlich keine Uniformierten im Stall haben.

Seit etwa 50 Jahren gibt es Computerprogramme zur **maschinellen Übersetzung**, die das automatische Übersetzen von Texten jeder Art aus einer natürlichen Sprache in eine andere Sprache ermöglichen sollen.

Die ersten Programme dieser Art arbeiteten mit zweisprachigen **Wörterbüchern** und einer oberflächlichen Analyse der Syntaxstruktur. Die Übersetzungsergebnisse waren meist noch sehr unbefriedigend.

Die Übersetzungsergebnisse heutiger Programme, die anspruchsvollere Methoden zur Identifikation von Wortstrukturen (Morphologie) und Satzstrukturen (Syntax) anwenden, sind zwar lange noch nicht perfekt, ihre Qualität ist für einige thematische Spezialbereiche aber ausreichend.

Syntax und Semantik von Programmiersprachen

Mehrdeutigkeiten in natürlichen Sprachen führen zu Missverständnissen in der zwischenmenschlichen Kommunikation. Viele Witze beruhen auf Mehrdeutigkeiten: "Wenn der Tierarzt dem Hund einen Zahn zieht, muss Herrchen die Schnauze halten."

Bei formalen Sprachen versucht man, solche Mehrdeutigkeiten zu vermeiden und eine eindeutige Semantik herzustellen, so dass es zu jedem Sprachelement eine eindeutig zugeordnete Bedeutung gibt.

Die Syntax regelt die „Rechtschreibung" einer Programmiersprache, indem sie festlegt, welche Aufeinanderfolge von Zeichen bzw. Folgen von Wörtern korrekt formulierte („syntaktisch korrekte") Programme der Sprache darstellen und welche nicht. Sie lässt sich formal festlegen, z.B. mit **Syntaxdiagrammen** oder in einer Grammatik.

Syntaxdiagramme sind halbgrafische Darstellungen, die gegenüber einer rein textlichen Darstellung von Grammatiken übersichtlicher und leichter lesbar sind. Beispiel für die wiederholte Ausführung von Anweisung(en):

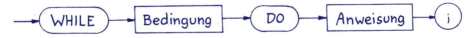

Die **Semantik** regelt die Bedeutung einzelner Sprachelemente und ihr Zusammenspiel. Im obigen Beispiel: „Führe ‚Anweisung' so lange aus, solange ‚Bedingung' erfüllt (also ‚wahr') ist."

VI | Ohne meine Software tue ich nichts

Vom Problem zum Programm

Um zu verhindern, dass der Computer entweder gar nichts berechnet oder falsche Ergebnisse liefert, ist es erforderlich, ihm ganz genaue Anweisungen und die genaue Reihenfolge der auszuführenden Rechenschritte vorzugeben. Dies geschieht in der Regel mit Hilfe eines Algorithmus, der in einer natürlichen oder in einer formalen Sprache formuliert werden kann. Er lässt sich aber auch grafisch darstellen.

Für „computergerechter" gibt es mehrere Möglichkeiten, Tom entscheidet sich zunächst für Pseudocode. Pseudocode ist keine Programmiersprache, sondern eine Mischung aus natürlicher Sprache und Programmiersprache, die auch mathematische Notationen enthalten kann. Hiermit wird ein Algorithmus bereits formaler dargestellt, aber noch nicht so detailliert wie in einer Programmiersprache.

104

Eine weitere Möglichkeit, ein Programm auf dem Papier zu entwerfen, ist das Zeichnen eines **Struktogramms**.

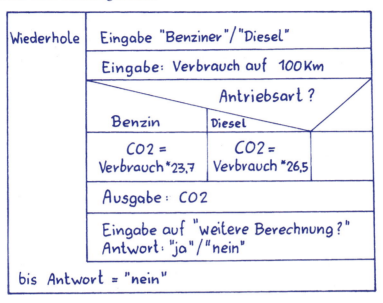

Es fällt auf, dass der Algorithmus nicht schrittweise als **Sequenz**, eine Abfolge von Einzelbefehlen, beschrieben ist, sondern dass vielmehr bestimmte Befehle wiederholt ausgeführt werden und dass unter einer bestimmten **Bedingung** eine **Verzweigung** stattfindet.

Deutlicher als in der textlichen Beschreibung des Algorithmus treten diese sogenannten **Strukturelemente** wie **Wiederholung** und **Verzweigung** in einer grafischen Darstellung hervor, beispielsweise in einem **Flussdiagramm**.

Flussdiagramme gelten heute als veraltet. Sie werden jedoch häufig außerhalb der Informatik verwendet. So können z.B. Bedienungsanleitungen von Autoherstellern im Anhang ein Flussdiagramm zur Fehlersuche enthalten, wenn das Auto mal nicht anspringt.

Einem Programmierer dienen Flussdiagramme und Struktogramme als Grundlage für die Umsetzung eines Algorithmus in ein Computerprogramm, einen Quelltext.

VI | Ohne meine Software tue ich nichts

Damit der Computer das von Lisa eingegebene Programm auch ausführen kann, muss es in Maschinenanweisungen umgewandelt werden. Diese Aufgabe übernehmen eigene **Übersetzungsprogramme**, sogenannte **Compiler**, benannt nach dem Englischen „to compile" = zusammentragen.

Neben den Compilern gibt es noch eine weitere Kategorie von Übersetzungsprogrammen, die **Interpreter**.

Sie sind mit den Compilern verwandt, mit dem Unterschied, dass ein Interpreter das Quellprogramm nicht zur Gänze in Maschinensprache übersetzt, sondern die Befehle Schritt für Schritt „interpretiert" und direkt ausführt.

- Sprachen dienen der Verständigung.
- Man unterscheidet zwischen **natürlichen und künstlichen Sprachen**.
- Menschen kommunizieren in natürlicher Sprache wie Deutsch oder Englisch miteinander.
- **Programmiersprachen** sind künstliche Sprachen. Sie sind das Bindeglied zwischen dem menschlichen Verstand und der Maschine (Computer).
- **Quellprogramme** sind Texte für Computer, die aus Zeichenfolgen bestehen. Die Menge aller in einer Programmiersprache zulässigen Zeichen nennt man das **Alphabet**.
- Die **Syntax** legt fest, welche Form der Wörter und Sätze in einer Sprache erlaubt ist.
- Die **Semantik** bestimmt die inhaltliche Bedeutung von Wörtern und Sätzen.
- Die von einem Programmierer erstellten Programme werden als **Quellprogramme** bezeichnet.
- Zur Ausführung müssen Quellprogramme in die für uns Menschen nicht lesbare **Maschinensprache** des jeweiligen Prozessors übersetzt werden.
- Diese Arbeit erledigen **Compiler** oder **Interpreter** in mehreren Schritten.

KAPITEL VII

ORGANISATION MIT HER(T)Z

Organisation mit Her(t)z
Rechnerarchitektur

Die Geschichte des Computers beginnt mit dem Einsatz **elektronischer Schaltungen**, die zur Ausführung einer bestimmten Funktion entworfen und eingesetzt wurden. Die Schaltung realisierte damit ein festes „Programm", konnte aber nicht für andere Zwecke und Funktionen eingesetzt werden. Um neue Funktionen zu realisieren, mussten die Komponenten auf der Platine neu miteinander verbunden werden. Das machte damals das „Programmieren" sehr aufwändig.

Rechnerarchitektur VII

Eine Lösung wurde gesucht, mit der es möglich war, Programme verschiedener Art mit einer einzigen Recheneinheit ausführen zu können. Vorbild hierfür war die **universelle Turingmaschine**. Eine solche Rechnerarchitektur wurde von John von Neumann im Jahr 1937 vorgestellt und bildet das Grundprinzip, auf dem die meisten heute gebräuchlichen Computer basieren, die **Von-Neumann-Architektur**.

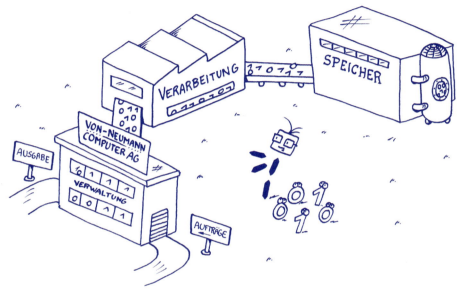

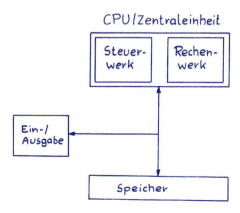

Die Von-Neumann-Architektur unterteilt einen Rechner in drei systematisch voneinander abgegrenzte Funktionseinheiten: **Ein-/Ausgabewerk**, **Speicher** und **Zentraleinheit**. Die Zentraleinheit besteht aus einem **Steuerwerk** und einem **Rechenwerk** und wird kurz als **CPU** (engl. **Central Processing Unit**) oder **Prozessor** bezeichnet. Diese Funktionseinheiten der Rechnerarchitektur sind über Kommunikationsleitungen miteinander verbunden.

VII | Organisation mit Her(t)z

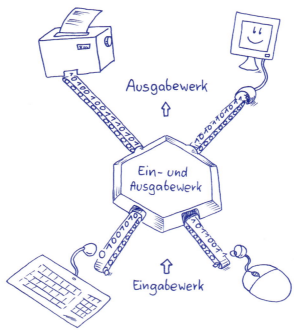

Das Ein-/Ausgabewerk regelt die Verarbeitung der Eingabe und der Ausgabe. Dazu gehören zum Beispiel der Empfang von Eingaben über die Tastatur oder die Maus sowie die Ausgabe auf Ausgabegeräte wie z.B. den Bildschirm und den Drucker.

Der Speicher dient dazu, Programme sowie die dazugehörigen Daten abzulegen, während die Zentraleinheit für die Abwicklung der Programmausführung verantwortlich ist.

Das Rechenwerk ist eine **Arithmetisch Logische Einheit** und wird mit **ALU** (engl. arithmetic logical unit) abgekürzt. Im Rechenwerk werden Rechenoperationen, wie z.B. die Addition, und logische Verknüpfungen, wie der „kleiner als"-Vergleich, ausgeführt. Das Steuerwerk steuert die Programmausführung, indem es die Befehle lädt und sie zur Ausführung vorbereitet. Es legt im Rechenwerk entsprechende (Steuer-)Signale an, um im Rechenwerk die richtigen Operationen zu initiieren. Die CPU verfügt über eine Anzahl kleiner und schneller interner Speicher, die **Register** genannt werden. In diesen Registern werden die Daten abgelegt, auf denen die Befehle operieren.

Ausführung eines Programms

Das Rechenwerk legt die Operationen fest, die vom Prozessor verarbeitet werden können. Programme bestehen aus **Instruktionsfolgen** und ihren dazugehörigen Daten, wobei die Instruktionen sich aber nicht nur auf Rechen- bzw. Vergleichsoperationen beschränken. Weitere Befehle wie z.B. das Laden von Daten aus und das Schreiben von Daten in den Speicher sollten verfügbar sein. Ein Programm enthält nicht nur aufeinanderfolgende Sequenzen, sondern auch Verzweigungen und Sprünge sowie bedingte Anweisungen. Welche Befehle eine Rechnerarchitektur ausführen kann, wird in einem festen, aber möglichst kleinen Satz von Operationen und Befehlen definiert – dem **Instruktionssatz**.

VII | Organisation mit Her(t)z

Befehle, wie sie der Computer versteht

Als digitale Schaltung kann die CPU nur digitale Signale, also Bits in Form von 1en und 0en, verarbeiten. Damit die CPU eine Instruktion ausführen kann, muss die Instruktion also in eine Folge von Bits codiert werden. Da ein Programm nichts anderes ist als die Aneinanderreihung von Befehlen in Form von Bitfolgen, muss die CPU in der Lage sein, diese einzelnen Instruktionen des Programms zu identifizieren. Dazu sind die Länge und das Format jeder erlaubten Instruktion fest vorgegeben und durch die **Rechnerarchitektur** und die **Prozessorarchitektur** festgelegt.

Ein heutiger Prozessor arbeitet in der Regel z.B. mit **32 Bit** großen Registern und kann somit Daten mit einer Länge von 32 Bit aufnehmen. Neueste Prozessoren arbeiten auch schon mit **64 Bit**.

Eine Instruktion muss vollständig in ein solches Register passen. Die Größe des Registers legt damit auch die Länge eines Befehls fest. Auch das Format eines Befehls ist fest definiert und wird zur Ausführung von der CPU dekodiert.

Rechnerarchitektur | VII

Die Bitfolge einer Instruktion beginnt immer mit einem **Operationscode** (opcode) festgelegter Länge, der die Art der Instruktion (z.B. Addition, Subtraktion, Vergleich, Sprung ...) kennzeichnet. Unterschiedliche Instruktionen setzen sich aus unterschiedlichen Befehlskomponenten zusammen. Das Beispiel zeigt den **Maschinencode** einer Addition einer Variablen mit einer Konstanten. Diese Instruktion setzt sich aus drei Komponenten zusammen: einem Quellregister, in dem die Variable gespeichert ist, einem Zielregister für das Ergebnis und einer Konstante, die in den letzten **16 Bit** des Befehls codiert wird.

Im Gegensatz zu diesem Beispiel brauchen Instruktionen zum Laden von Daten aus dem Speicher nur zwei Angaben: ein Quellregister mit der **Speicheradresse** des geforderten Datums und ein Zielregister, in welches der Inhalt der Speicherzelle geschrieben werden soll. Der Operationstyp legt somit mit dem Operationscode das Format der restlichen Instruktion fest.

Verarbeitung der Bitfolgen in der CPU

115

Die CPU führt ein Programm instruktionsweise aus. Um zu wissen, welchen Befehl sie als Nächstes ausführt, hat das Steuerwerk hierzu einen **Befehlszähler**, in welchem die Speicheradresse der als Nächstes auszuführenden Instruktion enthalten ist. Die Verarbeitung einer Instruktion erfolgt in fünf Stufen.

Als Erstes wird die Instruktion, auf die der Befehlszähler zeigt, aus dem Speicher in die CPU geholt. Diesen Schritt nennt man auch **Instruction Fetch** (IF).

Da der Befehl in eine Bitfolge codiert ist, wird er in der Phase **Instruction Decode** (**ID**) anhand seines Operationscodes identifiziert. Daraufhin legt nun das Steuerwerk seine Signale an das Rechenwerk, um die auszuführende Operation zu initiieren.

Handelt es sich um eine Operation, die in der ALU ausgeführt wird, so wird der Befehl in der Ausführungsphase, **Execution Stage** (EX), nun tatsächlich ausgeführt.

Operiert der Befehl wie z.B. sw (**store word**) und ld (**load**) auf dem Speicher, so erfolgt in der nächsten Phase der Memory Access (MEM), der Speicherzugriff.

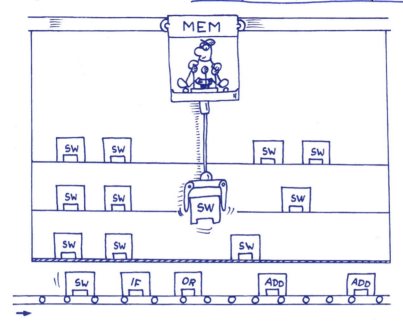

Wenn die Operation ein Ergebnis produziert, so wird dieses im letzten Schritt, der **Write Back** (WB)-Phase, in ein Zielregister geschrieben.

Die Schritte Instruction Fetch und Instruction Decode werden immer bei der Ausführung jedes Befehls durchlaufen. Jedoch benötigt nicht jeder Operationstyp die späteren Stufen der Ausführung. Bei einer Addition zum Beispiel werden Operanden aus Registern gelesen und das Ergebnis wird in einem Register gespeichert. Jedoch entfällt der Speicherzugriff – Memory Access – bei diesem Befehl.

Im Gegensatz dazu werden beim Laden von Daten aus dem Speicher alle Stufen der Befehlsausführung benötigt. Die Stufe Execution Stage übernimmt die Ermittlung der absoluten Speicheradresse. In der Stufe Memory Access wird das Datum aus dem Speicher gelesen, welches dann in der Stufe Write Back in das Zielregister geschrieben wird.

Geschwindigkeit von Programm und Prozessor

Ist die Ausführung einer Instruktion abgeschlossen, so erfolgt die Ausführung der nächsten. Aufgrund verschiedener Instruktionstypen, die unterschiedliche Stufen der Instruktionsverarbeitung benötigen, variiert die Dauer der Ausführung einer Instruktion. Woher weiß aber die CPU, dass die Bearbeitung einer Instruktion abgeschlossen ist und eine neue Instruktion geladen werden kann?

Ein **Taktgeber**, der quasi den **Herzschlag** des Computers darstellt, gibt den **Arbeitsrhythmus** der CPU an. Die Zeitdauer eines Takts entspricht der maximalen Zeit, die für die Ausführung einer Instruktion (bei vollständiger Ausführung aller Stufen) benötigt wird.

In jedem **Taktzyklus** wird eine neue Instruktion aus dem Speicher geladen und verarbeitet. Der Taktfrequenz wird in der Einheit **Hertz** (Hz) gemessen und beschreibt die Anzahl der ausgeführten Instruktionen pro Sekunde. Je höher die Taktfrequenz, desto schneller ist die Verarbeitung einer Instruktion. Die Ausführungsdauer eines Programms hängt somit von der Taktfrequenz der CPU, aber auch von der Anzahl der Instruktionen des Programms ab.

$$\frac{X \text{ Befehle}}{\text{Sekunde}} = X \text{ Hertz}$$

$$\Rightarrow \frac{\text{Anzahl der Befehle}}{\text{Taktfrequenz}} = \text{Zeit in Sekunden}$$

Bei einem Programm mit 100 Instruktionen und einer Taktfrequenz von 10 Hertz benötigt der Prozessor 10 Sekunden für die Ausführung des Programms. Die heutigen Prozessoren verfügen über Taktfrequenzen von mehreren GHz, wobei 1 **Gigahertz** 10^9 Befehlen pro Sekunde entspricht.

Mit Pipelining geht es noch schneller

Mit heutigen Prozessoren kann man also 1.000.000.000 Instruktionen innerhalb einer Sekunde verarbeiten. Und trotzdem benötigen aktuelle Programme aufgrund ihrer Komplexität lange Ausführungszeiten. Das muss doch schneller gehen!

Bei der fünfstufigen **Instruktionsverarbeitung** kommen unterschiedliche Komponenten des Prozessors zum Einsatz. Die Komponenten, die für den **Speicherzugriff** verantwortlich sind, werden nur beim Laden des Befehls (Instruction Fetch) und in der Memory-Access-Stufe verwendet. Der Zugriff auf die Register erfolgt beim Write Back und beim Dekodieren des Befehls. Das Dekodieren des Befehls verwendet aber zusätzlich die Dekodierkomponente des Rechenwerks. Die ALU wird nur für Berechnungen der arithmetischen und logischen Operationen eingesetzt, wenn die Instruktion sich in der Execution Stage befindet. Wird ein einzelner Befehl verarbeitet, dann befinden sich vier der fünf Stufen ständig im **Leerlauf**, womit die entsprechenden Hardwarekomponenten des Prozessors für einen großen Zeitraum ungenutzt bleiben. Solch eine Verschwendung von **Hardwareressourcen** darf nicht hingenommen werden!

Eine überlappende Ausführung der Instruktionen könnte solche Leerläufe der Hardwarekomponenten vermeiden. Dieses Vorgehen wird als **Pipelining** bezeichnet. Während ein Befehl z.B. im Steuerwerk dekodiert wird, könnte zeitgleich ein anderer Befehl bereits aus dem Speicher geladen werden.

119

VII Organisation mit Her(t)z

Um Pipelining zu realisieren, wird die Länge eines Takts auf die **maximale Bearbeitungsdauer** in einer Pipelinestufe gesetzt. In jedem Taktzyklus wird dann nur eine Stufe der Instruktionsverarbeitung ausgeführt, so dass die Ausführung eines Befehls bei fünf Stufen der Pipeline genau fünf Taktzyklen benötigt.

Durch das Pipelining verkürzt sich die Ausführungszeit eines einzelnen Befehls zwar nicht – genauso muss man beim **Wäschewaschen** den kompletten Vorgang ausführen: erst Wäsche sortieren, den Waschgang abwarten und trocknen. Befindet sich die erste Waschladung bereits im Trockner, so kann man aber seinen **Waschtag** verkürzen, indem man die nächste Waschladung in die Waschmaschine steckt. Genauso verhält es sich beim Pipelining: Durch die überlappende Ausführung verkürzt sich die gesamte Ausführungszeit einer Instruktionssequenz.

Leider bringt Pipelining auch einige Probleme mit sich. Ein gleichzeitiger Zugriff zweier Instruktionen auf dieselbe Hardwarekomponente ist nicht möglich. Befindet sich ein Befehl z.B. in der MEM-Stufe, so greift er auf den Speicher zu. Dann kann zum gleichen Zeitpunkt kein weiterer Speicherzugriff stattfinden, also kann zeitgleich kein neuer Befehl aus dem Speicher geladen werden.

Es existieren jedoch Standardtechniken wie z.B. das Einfügen einer leeren Instruktion (**no operation – nop**) in die Befehlssequenz, um solche **Konflikte** zu vermeiden.

Endlichkeit des adressierbaren Speichers

Der Speicher ist voll und wir können nicht anbauen!

Kann man in einen Computer unendlich viel **Speicher einbauen**? Die in unserer Architektur vorgestellten Instruktionen besitzen die gleiche Länge von x Bits, die auch die Größe der Register bestimmt.

Register werden mit Inhalten von Speicheradressen als zu verarbeitende Daten sowie mit den Speicheradressen selbst gefüllt. Kann ein Register also nur **x Bit** aufnehmen, so können nur 2^x Speicheradressen dargestellt werden.

Derzeit übliche Prozessoren arbeiten mit 32 Bits, wobei die Entwicklung neuerer Prozessoren zu **64-Bit-Architekturen** tendiert.

Werden die Speicheradressen einzeln Byte für Byte adressiert, dann lassen sich mit 32 Bit maximal 2^{32} . 1 Byte = 4.294.967.296 Byte = 4 GB **adressieren**.

Bei 64 Bit sind es dann schon 2^{64} = 18.446.744.073.709.551.616 Byte = 1.717.869.184 GB = 16 EB (Exabyte).

Mit 8 Bit lassen sich hingegen nur 2^8 = 256 Byte im Speicher adressieren.

Genauigkeit des Computers

Die Zahl x der **x-Bit-Architektur** gibt die Länge einer Instruktion und die Anzahl an Bits vor, die ein Register aufnehmen kann. Damit wird der Wertebereich der Operanden ebenfalls beschränkt. In einer 8-Bit-Architektur können Operanden Werte zwischen 0 und 255 (= 2^8-1 oder 1111 1111 in **Binärdarstellung**) annehmen. Sind sowohl positive als auch negative Zahlen erlaubt, so ist eine Möglichkeit zur Darstellung negativer Zahlen, das höchstwertigste Bit für das Vorzeichen zu verwenden. Der Wertebereich erstreckt sich nun von −127 bis +127 [1111 1111 bis 0111 1111 in Binärdarstellung]. Dabei steht die vorderste 1 für ein Minus (negative Zahl) und eine 0 für ein Plus (positive Zahl).

Ist in einer Instruktion einer **vorzeichenbehafteten** 8-Bit-Architektur nun die Addition der Zahlen 120 + 50 = 170 verlangt, so lassen sich diese mit 0111 1000 + 0011 0010 = 1010 1010 binär addieren. Wenn das erste Bit aber als das Vorzeichen interpretiert wird, so ist das Ergebnis als „−42" zu verstehen. Daher muss man beim Umgang mit Zahlen in Abhängigkeit von der Rechnerarchitektur vorsichtig sein.

Rechnerarchitektur | VII

Rechnerarchitektur findet sich überall im Alltag

Rechnerarchitektur lässt sich nicht nur in heimischen Computern finden, sondern in mittlerweile fast allen elektronischen Geräten im **Haushalt**, in **Autos** usw. All die Geräte, die nicht wie ein konventioneller Computer erscheinen, weil an ihnen keine Maus, keine Tastatur und kein Monitor hängt, werden in der Informatik als **Eingebettete Systeme** klassifiziert. Häufig haben sie eine geringere Rechenleistung und sie verfügen nicht immer über eine Festplatte, aber vom Grundprinzip funktionieren sie genauso wie die heimischen Computer mit einer Rechnerarchitektur, wie sie in diesem Kapitel vorgestellt wurde.

VII Organisation mit Her(t)z

Erkenntnisse dieses Kapitels

- Die Von-Neumann-Architektur setzt sich zusammen aus einem **Ein-/Ausgabewerk**, einem **Speicher** und einer **Zentraleinheit**.

- Die Zentraleinheit besteht aus einem **Steuerwerk** und einem **Rechenwerk** und wird kurz als CPU oder Prozessor bezeichnet.

- Befehle, die eine Rechnerarchitektur versteht und verarbeiten kann, werden im **Instruktionssatz** definiert und haben ein klar definiertes Format.

- Werden Befehle überlappend, also im **Pipelining**, ausgeführt, so erfolgt die Ausführung eines einzelnen Befehls nicht schneller, aber die Ausführung eines ganzen Programms wird verkürzt.

- Durch die Rechnerarchitektur ist die maximale Größe des Speichers festgelegt.

- Computer können nur so genau rechnen, wie deren **Architektur** es erlaubt.

- Rechnerarchitektur findet sich mittlerweile überall im **Alltag** – auch wenn das nicht immer sofort zu erkennen ist.

KAPITEL VIII

STEUERMANN AN BOARD

Steuermann an Board
Betriebssysteme

①Betriebssystemkern (Kernel)
: Hardware verwalter;
sowie grundlegenden Programme
die dem Start des Betriebssystem
und dessen Konfiguration dien.
② Boot-Loader, Gerätetreiber,
Systemdienste, Programmbib.
Dienstprogramme

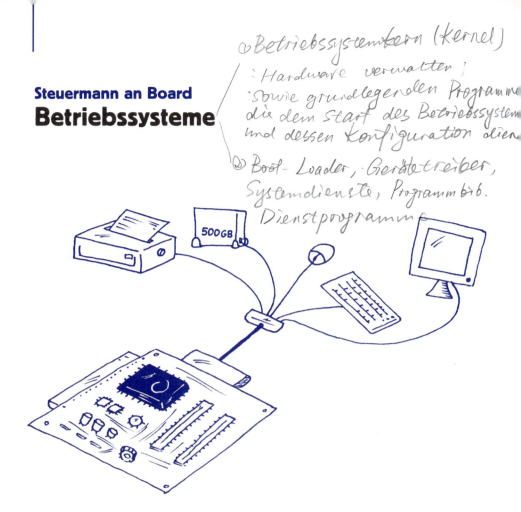

Ein Computer besteht aus einer Vielzahl von Hardwarekomponenten, die auf der **Hauptplatine**, dem sogenannten **Mainboard** des Computers, zusammengesteckt sind. Zu diesen Hardwarekomponenten gehören die **CPU**, der **Speicher**, Grafik- und Netzwerkkarten und viele mehr. Hinzu kommen noch weitere Geräte, wie Festplatte, das DVD-Laufwerk, aber auch die Geräte, die außerhalb des Rechners angeschlossen sind – die **Peripheriegeräte** wie Maus, Tastatur, Drucker, Scanner, Monitor usw. All diese Geräte werden als **Betriebsmittel** bezeichnet.

(Ressourcen)

Prozessor, physikalischer Speicher, alle Geräte wie Festplatte...

Editor, Compiler, Assembler, Binder, ~~Kommandointerpreter~~

Betriebssysteme | VIII

Die heutigen Computer führen eine Vielzahl von Programmen gleichzeitig aus, die alle auf die vorhandenen Betriebsmittel zugreifen und sie nutzen dürfen. Damit es nicht zu einem Chaos beim Zugriff auf die Betriebsmittel kommt, müssen die Ausführung der Programme sowie der Zugriff auf die Hardwarekomponenten geregelt und kontrolliert werden. Diese Aufgabe übernimmt das **Betriebssystem**. *(operating system)*

Um eine Hardwarekomponente oder ein Gerät zu verwenden, werden hardwareseitig der Software die verfügbaren hardware- bzw. gerätespezifischen Funktionen als Schnittstellen angeboten. Diese unterscheiden sich aber in Abhängigkeit vom Hersteller und können sogar von Modell zu Modell abweichen. Um in einem Programm zum Beispiel einen Drucker zu verwenden, müsste das Programm nun wissen, welcher Drucker, und zwar an welchem Anschluss, am Computer angeschlossen ist und wie die von ihm verfügbaren Funktionen genau spezifiziert sind. Das würde ein Programm für jeden anderen Computer, der z.B. über einen anderen Drucker verfügt, unbrauchbar machen.

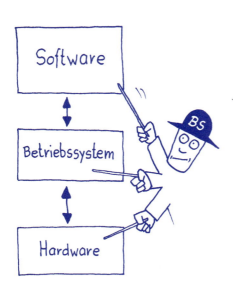

Programme können aber auf unterschiedlichen Computern mit den verschiedensten Geräten ausgeführt werden. Das wird durch das Betriebssystem sichergestellt. Es stellt Dienste zur Verfügung, mit denen Anwendungen bzw. Programme über allgemeingültige Schnittstellen auf Hardwarekomponenten und Geräte zugreifen können. Hinter diesen Schnittstellen verbirgt sich dann die Implementierung, die die spezifischen Funktionen für das spezielle an den Computer angeschlossene Gerät verwendet. Das Betriebssystem bietet damit eine Abstraktion der Hardwarefunktionen und agiert quasi als Übersetzer. Da es darüberhinaus die Betriebsmittel verwaltet und sie den Anwendungen bei Bedarf zuordnet, bildet es somit die Schnittstelle zwischen der Anwendung und der Hardware.

Betriebssysteme | VIII

Prozesse

 Ein **Prozess** ist definiert als Rahmen einer vom Prozessor ausführbaren Einheit und repräsentiert ein Programm oder einen Programmteil.

Ein Programm besteht aus mindestens einem Prozess, der für den Prozessor ausführbaren Einheit. Zu dieser ausführbaren Einheit gehören der Programmcode des Programms oder des Programmteils, der Bereich im Speicher, der diesem Prozess für seine Daten zugeordnet wird, und die vom Prozess benötigten Ressourcen. Kann ein Programm funktional in verschiedene ausführbare Einheiten aufgeteilt werden, die unabhängig voneinander oder sogar gleichzeitig ausgeführt werden können, so kann ein Programm auf mehrere Prozesse aufgesplittet werden. Zu jedem Zeitpunkt kann nur ein Prozess vom Prozessor verarbeitet werden.

129

VIII | Steuermann an Board

Die Aufgabe des Betriebssystems ist es, diese Prozesse zu verwalten, ihnen die benötigten Ressourcen zuzuordnen und eine Synchronisierung unter den Prozessen zu ermöglichen. Das Betriebssystem verwaltet für jeden Prozess eine Datenstruktur, den Prozesskontrollblock. Darin sind Informationen über den Zustand des Prozesses, seinen Ausführungsstatus sowie seine Ressourcenanforderungen enthalten. Welche Datenstruktur hierfür eingesetzt wird, ist von Betriebssystem zu Betriebssystem unterschiedlich.

bin bereit   bin aktiv   bin blockiert

Was machen denn die anderen Prozesse, wenn ein Prozessor zeitgleich nur einen Prozess verarbeiten kann? Ein Prozess kann drei verschiedene Zustände annehmen: „bereit", „aktiv" und „blockiert". Ein Prozess befindet sich nach seiner Initialisierung in dem Zustand „bereit" und wartet, bis das Betriebssystem ihm den Prozessor zuordnen kann. So wie der Patient im Wartezimmer ist der Prozess damit zur Ausführung bereit. Wird dem Prozess der Prozessor zugeordnet, so wechselt der Prozess in den Zustand „aktiv" und er wird vom Prozessor verarbeitet. Dabei kann systemweit immer nur ein Prozess diesen Zustand annehmen. Der Zustand „blockiert" signalisiert, dass der Prozess nicht ausgeführt werden kann, weil er auf eine Ressource wartet, die z.B. von einem anderen Prozess verwendet wird.

Kellerspeicher

Die Daten, mit denen ein Programm operiert, werden in die **Register** des Prozessors geladen. Die Register bilden eine Art Setzkasten, der dem Prozessor seine Operanden zur Verfügung stellt. Die Anzahl der Register ist durch die **Prozessorarchitektur** festgelegt.

Ich habe das Register auf den Wert 0 gesetzt, warum steht da jetzt eine 8 drin ???

Bei heutigen Programmen kann es schnell passieren, dass ein Programm mehr Variablen als die verfügbare Anzahl von Registern verwendet. Innerhalb eines Programms wird ein einzelnes Register von mehr als einer Variablen benutzt. Vor allem Register mit speziellen Funktionen werden mehrfach mit verschiedenen Werten in einem Programm überschrieben, die zu einem späteren Zeitpunkt noch mal benötigt werden.

Es muss also verhindern werden, dass der Wert einer Variablen von dem Wert einer anderen Variablen, die in dasselbe Register geladen wird, überschrieben wird und verloren geht. Das geschieht dadurch, dass der Registerinhalt in den Speicher gesichert wird, bevor die nächste Variable in das gleiche Register geladen wird. Hierzu wird die Datenstruktur der Kellers bzw. **Stacks** genutzt und ein Kellerspeicher angelegt. Der Stack heißt deshalb **Kellerspeicher**, weil er sich im Speicher des Systems befindet und von unten nach oben aufgefüllt wird.

Betrachtet man den Inhalt des Kellerspeichers zu einem beliebigen Zeitpunkt, so stellt dieser den Ausführungszustand eines Prozesses mit den aktuellen Werten der lokalen Variablen zu diesem Zeitpunkt dar.

Moderne Betriebssysteme stellen für jeden Prozess einen eigenen Kellerspeicher zur Verfügung.

Mehrprogrammbetrieb

Heutige Betriebssysteme müssen die Ausführung mehrerer Programme verwalten. Die einfachste Möglichkeit hierfür ist, einen Prozess nach dem anderen in der Reihenfolge ihrer Initialisierung vollständig abzuarbeiten. Dadurch müssen aber Prozesse, die hinten in der Schlange stehen, lange warten, selbst wenn ihre benötigte Ausführungszeit sehr kurz ist.

Betriebssysteme | VIII

Erlaubt ein System eine unterschiedliche Priorisierung der Ausführung von Prozessen, so muss die Warteschlange der Prozesse, die auf den Prozessor warten, anhand dieser Priorität sortiert werden. Dann stehen die Prozesse mit hoher Ausführungspriorität vorne in der Warteschlange und diejenigen mit niedriger werden hinten eingereiht. Ausgehend davon, dass in der Zwischenzeit immer wieder neue Prozesse mit hoher Priorität zur Warteschlange hinzukommen, kann dies dazu führen, dass die am niedrigsten priorisierten Prozesse ganz lange warten oder sogar gar nicht zur Ausführung kommen.

Um die Probleme dieser sequentiellen Verarbeitung zu vermeiden, können unterschiedliche Strategien zur Ausführung der Prozesse eingesetzt werden. Das Betriebssystem verwaltet die Ablaufplanung mit dem sogenannten **Scheduler**. Abweichend von der sequentiellen Verarbeitung existieren Scheduling-Strategien, die eine quasi-parallele Ausführung der Prozesse realisieren. Die einfachste Strategie für eine solche Ablaufplanung ist der **Round Robin Scheduler**. Bei dieser Strategie wird jedem Prozess ein fester Zeitabschnitt, die sogenannte Zeitscheibe, zugewiesen, in welchem dem Prozess der Prozessor zur Ausführung zugeordnet wird.

 Eine Zeitscheibe ist ein fester Zeitabschnitt, der einem Prozess für seine Ausführung zugeordnet wird. Die Zeitscheibe kann einem Prozess periodisch zur Verfügung gestellt werden.

VIII | Steuermann an Board

Reicht die Zeitscheibe für die vollständige Ausführung des Prozesses nicht aus, so wird die Ausführung unterbrochen und der Prozess wird wieder hinten in die Schlange eingereiht. Der Prozess muss dann mit der Fortsetzung seiner Ausführung warten, bis er wieder an die erste Stelle in der Warteschlange rutscht und ihm eine neue Zeitscheibe zur Verfügung gestellt wird. Mit Hilfe von Round Robin werden alle Prozesse fair behandelt, da sie Zeitscheiben gleicher Länge zugewiesen bekommen. Prozesse, die eine kurze Ausführungszeit besitzen, können dann früher abgearbeitet werden.

Für Prozesse unterschiedlicher Prioritäten gibt es verschiedenste **Scheduling-Algorithmen**, die zum Beispiel dann die Prioritäten anhand der Wartezeit der Prozesse in der Schlange neu zuordnen.

Da heutige Computer sehr schnell und die Zeitscheiben sehr kurz sind, kann der Benutzer die Aufteilung der Ausführung eines Programms auf die Zeitscheiben und die dadurch entstehenden Unterbrechungen nicht wahrnehmen. Er erhält vielmehr den Eindruck, dass seine Programme zeitgleich ausgeführt werden, da der Fortschritt der Ausführung im zeitlichen Wechsel voranschreitet. Daher kommt der Begriff der quasi-parallelen Ablaufplanung.

Interrupts

Die Ausführung eines Prozesses wird unterbrochen, sobald die Zeitscheibe des Prozesses abläuft. Es gibt aber noch weitere Gründe für das Betriebssystem, die Ausführung eines Prozesses zu unterbrechen. Zum einen können Fehler in der Programmausführung wie eine Division durch null oder der Versuch, auf eine Speicherzelle außerhalb des gültigen Speicherbereichs zuzugreifen, auftreten. Als weitere Ursache können Hardwarekomponenten dem System Ereignisse wie den Empfang von Daten oder den Ausfall einer Hardwarekomponente melden, die eine Unterbrechung des normalen Betriebs erfordern.

Diese Unterbrechungen der Prozessausführung werden mit dem englischen Begriff **Interrupt** bezeichnet. Die Interrupts werden in die unterschiedlichen Interrupt-Klassen wie z.B. Timer-Interrupts bei Ablauf der Zeitscheibe, I/O-Interrupts bei Ereignissen von Ein-/Ausgabegeräten, Software-Interrupts bei Programmfehlern und einige weitere Interrupt-Klassen eingeordnet. Für die Abhandlung der Interrupts gibt es auf der Hauptplatine einen **Interrupt-Controller**, der auf das Auftreten eines Interrupts wartet.

VIII | Steuermann an Board

Der Interrupt-Controller wird vom Prozessor nach jeder Befehlsausführung abgefragt. Gerade im Fehlerfall sollte das System in der Lage sein, umgehend auf einen aufgetretenen Interrupt zu reagieren.

 Der Interrupt-Handler regelt im Betriebssystem die entsprechende Reaktion auf den ausgelösten Interrupt.

Bei Auftreten eines Interrupts muss der laufende Betrieb unterbrochen werden. Das Betriebssystem implementiert im **Interrupt-Handler** Routinen, die als Reaktion auf den aufgeworfenen Interrupt ausgeführt werden. Welche Routinen vom Interrupt-Handler ausgeführt werden, hängt von der Ursache des ausgelösten Interrupts ab. Nach Abhandlung des Interrupts soll aber die reguläre Programmausführung an gleicher Stelle wieder aufgenommen werden.

Ein-/Ausgabegeräte arbeiten in der Regel langsamer als der Prozessor. Prozesse, die auf ein solches Gerät zugreifen und auf die vollständige Ausführung eines Geräts warten müssten, würden sich dann während dieser Wartezeit für viele Befehlszyklen – häufig um den Faktor 100 oder sogar 1000 – im Leerlauf befinden. Mit Hilfe des Interrupts-Konzepts besteht die Möglichkeit einer wesentlich effizienteren Nutzung des Prozessors. Um diese Wartezeiten zu verhindern, schickt ein Prozess stattdessen seinen Befehl an das Ein-/Ausgabegerät und fährt mit der Ausführung des weiteren Programms fort.

Ein großer Vorteil ergibt sich hierbei durch den Einsatz von Interrupts, die nicht nur zur Fehlerbehandlung nützlich sind. Das Ein-Ausgabegerät sendet nun einen Interrupt, sobald die Befehlsausführung abgeschlossen ist, und informiert auf diese Weise den entsprechenden Prozess.

Kontextwechsel

Die Ausführung eines Prozesses kann also aus verschiedenen Gründen unterbrochen werden. Das Betriebssystem muss dann aber sicherstellen, dass der Prozess zu einem späteren Zeitpunkt an gleicher Stelle wieder fortgeführt werden kann. Dazu wird der vollständige Zustand der Prozessausführung, der auch als **Kontext** bezeichnet wird, gespeichert. Hierzu gehören das Speichern des aktuellen Befehls, an dem die Prozessausführung unterbrochen wurde, die Inhalte der Register sowie der Inhalt des zum Prozess gehörenden Kellerspeichers. Bevor der Prozessor mit der Wiederaufnahme der Ausführung eines Prozesses beginnen kann, muss sein gespeicherter Kontext wiederhergestellt werden. Die Register werden mit den gespeicherten Daten beschrieben, der Befehlszähler wird auf den entsprechenden Befehl gesetzt und das Abbild des Kellerspeichers des Prozesses wird wieder geladen, so dass die Unterbrechung des Prozesses für den Prozessor völlig transparent bleibt.

VIII | Steuermann an Board

Nebenläufigkeit

Flinkes Kerlchen! Schaut ja fast so aus, als würde es beide Prozesse gleichzeitig verarbeiten.

In einem System, das nur über einen Prozessorkern verfügt, wird bei heutigen Systemen der Mehrprogrammbetrieb verwendet. Voneinander unabhängige Prozesse, die quasi-parallel ausgeführt werden, werden auch nebenläufig genannt. **Nebenläufigkeit** stellt im Betriebssystem insbesondere bei der Verwaltung der Ressourcen eine weitere Herausforderung dar.

Nebenläufige Prozesse können auf die gleichen globalen Ressourcen des Systems zugreifen. Da sie unterbrochen werden können, muss auch bei der Wiederaufnahme der Ausführung eines Prozesses der Zugriff auf die Ressourcen gewährleistet werden. In einem System kann es **exklusive** bzw. **kritische** und **geteilte** Ressourcen geben.

 Exklusive oder kritische Ressourcen sind solche, die nur von einem Prozess zu einem Zeitpunkt verwendet werden können. Geteilte Ressourcen sind solche, die mehreren/allen Prozessen des Systems gleichzeitig zur Verfügung stehen.

Bei der gemeinsamen Nutzung von exklusiven Ressourcen können genau dann Konflikte entstehen, wenn die Ausführung eines Prozesses unterbrochen wird, während ein Prozess eine Ressource nutzt.

Betriebssysteme | VIII

Der Drucker ist zum Beispiel ein Gerät, welches zeitgleich nur von einem Prozess genutzt werden kann, bis dieser seine Aufgabe auf dem Gerät abgeschlossen hat.

Stellen wir uns einen Prozess vor, der paketweise Daten zum Ausdruck auf den Drucker sendet. Die Zeitscheibe dieses Prozesses läuft ab, bevor er alle seine Pakete des Dokuments an den Drucker gesendet hat. Der Prozess wird unterbrochen und muss warten, bis ihm von der Ablaufplanung, dem Scheduler, eine neue Zeitscheibe zugeordnet wird. Der Drucker hat nun das halbe Dokument bereits gedruckt.

In der Zwischenzeit wird ein anderer Prozess aktiviert, der ebenfalls den Drucker verwenden möchte. Auch dieser schickt seine Daten paketweise an den Drucker, ohne dass der Druckauftrag des ersten Prozesses abgeschlossen wurde. Was würde passieren? Eigentlich müsste logischerweise der Drucker nun mitten auf der Seite den Ausdruck des ersten Prozesses unterbrechen und mit dem Ausdruck der Daten des zweiten Prozesses fortfahren. Dieses Durcheinander taucht aber zum Glück bei unseren Druckern nicht auf. Es existieren nämlich entsprechende Mechanismen, die ein solches Chaos vermeiden. Dennoch ist es wichtig, zu wissen, dass ohne diese Mechanismen auch ein Drucker nicht so funktionieren würde, wie wir es kennen.

VIII | Steuermann an Board

Ein weiterer kritischer Fall tritt auf, wenn zwei Prozesse eine systemweite globale Variable beschreiben. Bei einem Kontextwechsel werden nur die lokalen Werte gesichert, nicht aber die systemweiten Variablen, die von allen Prozessen genutzt werden können. Ein Prozess A setzt während seiner Ausführung den Wert der globalen Variable und wird unterbrochen, bevor er seine Berechnungen mit dieser Variable abgeschlossen hat. Nun wird Prozess B ausgeführt, der ebenfalls Berechnungen mit der gleichen Variable ausführt. Er ändert den Wert dieser Variable während seiner Ausführung. Startet dann der Prozess A wieder und möchte auf die Variable zugreifen, so wurde ihr Zustand während seiner Unterbrechung geändert. Kann nun eine korrekte Ausführung der Berechnung im Prozess A gewährleistet werden? Durch die Nebenläufigkeit der Prozesse entsteht ein Konflikt.

Das Betriebssystem ist verantwortlich dafür, solche Konflikte zu vermeiden. Es benötigt einen Mechanismus für einen **wechselseitigen Ausschluss** von Prozessen. Dieser Mechanismus soll einem Prozess den Zugriff auf die Ressource so lange sicherstellen, bis dieser Prozess seine Aktion auf der Ressource vollständig beendet hat. Dabei werden alle anderen Prozesse von einer Aktion auf eine Ressource ausgeschlossen.

Der Programmabschnitt, in dem eine Ressource exklusiv verwendet werden muss, heißt **kritischer Abschnitt**. Die Aufgabe des Betriebssystems ist es, sicherzustellen, dass jeweils nur ein Prozess einen kritischen Abschnitt auf einer Ressource ausführen kann. Selbst wenn die Ausführung dieses Prozesses unterbrochen wird, darf die Ressource für andere Prozesse nicht zugänglich sein.

Eine Möglichkeit, dies zu realisieren, ist die Verwendung von **Semaphoren**. Semaphore können als Markierungen betrachtet werden. Sie sind spezielle Variablen im System, die signalisieren, ob eine Ressource frei ist und ein Prozess in einen kritischen Abschnitt eintreten und auf die Ressource zugreifen kann. Hat das Semaphor einen bestimmten Wert, so weiß das Betriebssystem, dass diese Ressource von einem Prozess in einem kritischen Abschnitt blockiert wird. Jeder Zugriff von anderen Prozessen auf diese Ressource wird von dem Betriebssystem verhindert. Sie werden in den Zustand „blockiert" gesetzt und warten, bis die Ressource wieder verfügbar ist. Nach Beendigung der Ausführung eines kritischen Abschnitts setzt der blockierende Prozess die Ressource wieder frei. Der Wert der Semaphore signalisiert dann, dass andere Prozesse diese Ressource wieder nutzen dürfen.

VIII | Steuermann an Board

Erkenntnisse dieses Kapitels

- Die Aufgabe des Betriebssystems ist die Verwaltung der **Prozesse** und der **Betriebsmittel**.

- Ein Prozess ist die vom Prozessor auszuführende Einheit und kann die **Zustände** „bereit", „aktiv" und „blockiert" annehmen.

- Im **Mehrprogrammbetrieb** ist das Betriebssystem für die Ablaufplanung der einzelnen Prozesse verantwortlich.

- Der **Kellerspeicher** stellt den aktuellen Ausführungszustand eines Prozesses dar. Bei einem Kontextwechsel werden der Kellerspeicher, die Registerinhalte und der Befehlszähler gespeichert.

- Unterbrechungen der Programmausführung können verschiedene Ursachen haben. Sie werden **Interrupts** genannt. Die Abhandlung dieser Interrupts ist Aufgabe des Betriebssystems.

- Ressourcen, die von nebenläufigen Prozessen nur exklusiv verwendet werden können, müssen bis zur vollständigen Ausführung eines **kritischen Abschnitts** durch das Betriebssystem geschützt werden.

KAPITEL IX

BILDER LÜGEN NICHT ...?

Bilder lügen nicht ...?
Computergrafik

Lisa und Tom engagieren sich für den Umweltschutz. Lisa hat ein altes Foto gefunden, das zeigt, wie die Flusslandschaft früher aussah. Tom hat ein digitales Foto von der heutigen Situation mit seiner Kamera aufgenommen und will das mit einer 3D-Grafik der geplanten Brücke kombinieren, die sich auf seinem Computer befindet. Beide Bilder sollen zum Vergleich auf einer Webseite der Umweltschützer veröffentlicht werden.

Computergrafik | IX

Für dieses Vorhaben sind noch einige Hindernisse zu überwinden. Die zu bearbeitenden Fotos befinden sich auf unterschiedlichen **Medienträgern**. Tom kann seine Fotomontage mit einer **Bildbearbeitungssoftware** erstellen. Die Zeichnung von der geplanten Brücke, die sicher mit einem **Grafikprogramm** erstellt wurde, liegt zwar schon in digitaler Form vor, aber Grafiken werden meist in einem anderen **Dateiformat** gespeichert als Bilder. Deshalb muss das Dateiformat der Grafik konvertiert werden, bevor es Tom in seine Fotomontage einbauen kann. Diese Aufgabe kann von der **Importfunktion** eines Grafikprogramms übernommen werden.

Lisa wird ihr Papierfoto mit einem **Scanner** digitalisieren, damit es im Computer für die Webseite weiterbearbeitet werden kann.

Bevor Tom und Lisa die Bilder auf einer Webseite gemeinsam mit einem erläuternden Text veröffentlichen können, muss eventuell eine weitere **Konvertierung** des Bildformats vorgenommen werden, da die Browser nur wenige spezifische Formate von Bildern anzeigen können. Diese Arbeit erledigen Tom und Lisa mit der **Exportfunktion** ihrer Bildbearbeitungssoftware.

Damit wir diese Bearbeitungsschritte und weitere grundlegende Prinzipien der Computergrafik besser verstehen, schauen wir uns nun einzelne Aspekte von digitalen Grafiken und Bildern etwas genauer an.

Pixelgrafik

Wenn Lisa ihr Foto scannt, tastet der Scanner das Bild zeilenweise ab und die ermittelten Abtastwerte werden im Speicher des Computers zwischengespeichert, bevor das Bild als Ganzes mit Methoden der digitalen Videotechnik auf einem Display dargestellt wird.

Wenn Lisa das Bild dauerhaft z.B. auf der Festplatte des Computers speichert, muss der Computer sich auch das Dateiformat merken, in dem er diese Pixeldatei sichert. Pixeldateien, die man auch **Bitmap** nennt, erkennen der Computer und auch der Nutzer an der **Dateiendung** .bmp.

IX | Bilder lügen nicht ...?

Man kann sich einen digitalen Bildspeicher vereinfacht als eine Menge von Bildpunkten vorstellen, die geordnet nach Zeilen und Spalten jeweils einen Farbwert enthalten. Jedes Element dieses Mosaiks kann mit seinem x,y-Wert in einem Koordinatensystem im Speicher genau lokalisiert werden. Der zugehörige Farbwert gibt die darzustellende Farbe bzw. einen Grauwert an.

 **Beachte!** Eine Grafikdarstellung, die für jeden einzelnen Bildpunkt Informationen wie die Lage im Koordinatensystem, die Farbe oder auch den Transparenzwert speichert, bezeichnet man als Pixel- oder Rastergrafik.

Entscheidend für die Größe und die technische Qualität der gesamten Bilddatei sind dann die gewählte **Auflösung** und die **Farbtiefe** eines digitalen Bilds. Lisa muss vor dem Scannen ihres Bilds diese Parameter einstellen. Ob das digitale Bild dann auch in der geforderten Qualität am Monitor des Computers angezeigt wird, hängt entscheidend von den Fähigkeiten der **Grafikkarte** ab, die für die Bearbeitung und Darstellung grafischer Objekte eines Computers zuständig ist.

Die Auflösung gibt die Anzahl der dargestellten Bildpunkte in Zeilen und Spalten wieder, z.B. 1024 × 768: 786.432 Pixel. Dies entspricht einem **Seitenverhältnis** des Bildformats von 4:3. Moderne Widescreen-Displays können ein Seitenverhältnis von 16:10 und eine Auflösung von 1920 × 1080, ca. 2 Mio. Pixel darstellen, was für eine sehr gute Bildqualität (Full HD) bei digitalen Filmen auch notwendig ist.

Mit entscheidend für die Bildqualität ist auch die Farbtiefe, die die mögliche Anzahl der darstellbaren Farbwerte angibt. Für die Speicherung des Farbwerts eines einzigen Pixels stehen in der Regel 24 Bit zur Verfügung (True Color Mode), so dass insgesamt 16,7 Mio. (= 224) unterschiedliche Farben angezeigt werden können.

Das RGB-Farbmodell

Zur Darstellung der vielen unterschiedlichen Farben gibt es in der Computergrafik verschiedene **Farbmodelle**. Ein sehr verbreitetes ist das RGB-Modell. Nach diesem Modell können viele für das menschliche Auge wahrnehmbare Farben durch Mischen aus den drei Grundfarben Rot, Grün und Blau erzeugt werden. Im True Color Mode (24 Bit) stehen z.B. für jeden **Farbkanal** je 8 Bit (256 Werte) zur Verfügung, die man in einem Intervall von 0 bis 1 skalieren kann.

Tom kann mit seinem Grafikprogramm Bereiche seines Bilds bunt einfärben. Die Farbe kann er aus einer vorgegebenen Auswahl von Farben, einer **Farbpalette**, auswählen. Er kann auch für jede der drei Grundfarben mit einem Schieberegler den Farbanteil festlegen und so beliebige Farben selbst mischen.

IX | Bilder lügen nicht …?

Durch Mischen der maximalen Werte von
Rot, Grün und Blau erhält man Weiß.

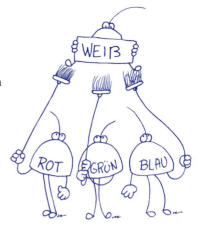

Computerspiele

Wenn Tom und Lisa am Computer oder mit einer Spielkonsole ein **Computerspiel** spielen, kommen ähnliche Prinzipien wie bei der Pixelgrafik zur Anwendung. Es werden grafische Objekte definiert und dann vom Nutzer interaktiv über das Spielszenario im Display bewegt.

Die einfachste Möglichkeit, das zu tun, ist das Zusammenfassen einer Gruppe von Bildpunkten zu einem Grafikobjekt. Derartige Pixelobjekte, auch **Sprite**s (engl. Kobolde) genannt, können vom Nutzer ausgewählt und z.B. durch Maus oder Joystick vor dem Bildschirmhintergrund gesteuert werden. Dabei muss eine entsprechend programmierte Software dafür sorgen, dass der Bildschirmhintergrund an den Stellen, an denen sich das Grafikobjekt eben noch befand, in kürzester Zeit wieder in der alten Form hergestellt wird. Auf diese Weise entsteht für das menschliche Auge, das diese schnellen Wechsel nicht wahrnehmen kann, der Eindruck einer flüssigen Bewegung.

Die Software aktueller Computerspiele ist in der Lage, viele gleichzeitig ablaufende Bewegungen solcher Pixelobjekte zu steuern und zusätzlich simultan auch auf Nutzereingaben durch Tastatur, Maus, Joystick u.Ä. zu reagieren. Auf diese Weise steuern Tom und Lisa auch ihren virtuellen persönlichen Stellvertreter im Spiel, ihren **Avatar**.

148

Heutige Computer und Spielkonsolen können, wie wir später sehen werden, derartige Grafikobjekte auch in dreidimensionalen virtuellen Welten realitätsnah räumlich darstellen und bewegen.

Rastern von Linien

Wenn Lisa ihr eingescanntes Bild mit der Zoomfunktion eines Grafikprogramms vergrößert, kann sie sich die „Linienführung" an den Rändern von Flächen und Bildobjekten genauer ansehen. Beim **Zoomen** werden Bildausschnitte derart vergrößert, dass man den pixelartigen Aufbau der Begrenzungslinien an den Rändern der grafischen Objekte genau erkennen kann.

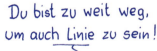

Um den Verlauf der Begrenzungslinien eines grafischen Objekts möglichst so zu gestalten, dass das Objekt sehr genau beschrieben wird, gibt es Algorithmen, die entscheiden, ob ein Pixel der **Rastergrafik** noch zum grafischen Objekt gehört oder nicht. Grundlage für diese Entscheidung ist der Abstand des Bildpunkts vom idealen Linienverlauf.

 Nähere Informationen hierzu findet man auf der Website.

IX | Bilder lügen nicht …?

Anti-Aliasing

Mit einer Bildbearbeitungssoftware könnte Lisa die Konturen von Bildobjekten auf ihrem Bild **weichzeichnen**. Wie funktioniert das?

Wenn man mit einfachen Ja/Nein-Entscheidungen festlegt, ob ein Pixel noch zum Grafikobjekt gehört oder nicht, sieht eine Linie am Rand eines Grafikobjekts mitunter sehr ausgefranst aus. Um dieses Ausfransen der Linien zu verhindern, kann man mittels des **Anti-Aliasing** Verfahrens weichere Übergänge schaffen. Das Verfahren ermittelt die Farb- oder Grauwerte eines Bildpunkts proportional zu dem von der Linie überdeckten Bereich des Pixels. Je größer die Fläche des Pixels ist, die vom Grafikobjekt, z.B. einer Linie, überdeckt wird, desto ähnlicher ist der Farbwert des gesamten Pixels dem des Grafikobjekts.

Computergrafik | IX

Färben von umrandeten Flächen

Tom möchte auf der Webseite zusätzlich ein Plakat zur Verhinderung des Brückenbaus platzieren. Dazu benötigt er farbige Figuren und Flächen. Auch das kann er mit einem Grafikprogramm machen.

Durch Auswahl eines Zeichenwerkzeugs markiert Tom zunächst mit Hilfe der Maus die Eckpunkte seines Grafikobjekts. Er kann z.B. entscheiden, ob er lediglich Linien, einen Kreis, ein Dreieck oder ein Vieleck, d.h. einen geschlossenen Polygonzug, zeichnet. Da er einen Stern zeichnen möchte, entscheidet er sich für das Werkzeug Vieleck oder Polygon. Dann kann er mit weiteren geeigneten **Grafikwerkzeugen** darüber entscheiden, welche Stärke und Farben die Linien des Sterns haben sollen.

Er kann dann noch die Fläche innerhalb seines Sterns mit einer Farbe und einem Muster seiner Wahl **einfärben**. Wenn er per Mausklick seine Auswahl getroffen hat, ist die Fläche innerhalb des Sterns in Sekundenbruchteilen farbig.

Was sich für die Beobachter am Bildschirm in einem Augenblick vollzieht, beruht in Wirklichkeit auf dem sehr schnellen Abarbeiten eines Algorithmus durch die Grafiksoftware. Für jede Zeile des Bildschirmspeichers muss ermittelt werden, ob die einzelnen Bildpunkte innerhalb oder außerhalb der Ränder des Sterns liegen. Bei Bildpunkten, die von den Randlinien berührt werden, wendet der Algorithmus die bereits beschriebenen Verfahren des Rasterns von Linien und des Anti-Aliasing an.

151

Kompression von Bildern

Damit Tom und Lisa ihre Bilder auf einer Webseite veröffentlichen können, müssen diese in ein Dateiformat konvertiert werden, das von Browsern darstellbar ist. Dies sind Formate wie **GIF** oder **JPEG**, bei denen die Größe der Dateien durch **Kompressionsalgorithmen** erheblich reduziert wird. Das ist zur schnellen Anzeige der Bilder im Browser bei ihrer Übertragung vom Server aus dem Internet sehr wichtig.

Bei der Komprimierung von Dateien unterscheidet man zwischen verlustbehafteter und **verlustfreier Komprimierung**. Bei der verlustfreien Komprimierung von Bildern (z.B. **TIFF**-Format) kann trotz einer meist geringeren Reduzierung des Datenvolumens das Originalbild in seinem Ausgangszustand wiederhergestellt werden.

Eine Möglichkeit der Bildkompression besteht darin, Pixel mit gleichen oder ähnlichen Farben zusammenzufassen. In der ersten Zeile des Beispielbilds kann verkürzt codiert werden: 8 weiß. Die zweite Zeile wird mit 1 weiß, 5 schwarz, 2 weiß codiert. Die erste Datenzeile ist damit von ursprünglich 8 auf 2 Items geschrumpft, ohne dass Bildinformation verloren gegangen wäre.

Außerdem kann das menschliche Auge geringe Farbunterschiede nicht wahrnehmen. Dies nutzen Kompressionsalgorithmen, um Bildbereiche mit ähnlichen Farben zusammenzufassen und alle Pixel dieses Bereichs mit einem gemittelten Farbwert darzustellen.

Weitere Kompressionsmöglichkeiten bestehen in der Reduzierung der Farbtiefe der dargestellten Farben, z.B. 256 Farben = 8 Bit bei GIF, statt 16 Mill. Farben = 24 Bit bei True Color.

Ferner kann man die Bildgröße im korrekten **Seitenverhältnis** reduzieren. Bei der Darstellung von Bildern auf Webseiten reichen kleinere Versionen oft vollkommen aus. Ein gutes Grafikprogramm, wie es Tom und Lisa zur Bearbeitung ihrer Bilder für die Webpräsentation benutzen sollten, erlaubt es z.B., mittels Schiebereglern den Komprimierungsgrad und die Größe ihrer Bilder im korrekten Seitenverhältnis kontinuierlich zu verändern. Zugleich wird die aktuelle Version des komprimierten Bilds zur Qualitätskontrolle vom Grafikprogramm angezeigt.

Bei der Komprimierung von Grafikdateien werden meist mehrere Komprimierungsverfahren nacheinander angewandt.

 Weitere Infos zur Kompression gibt es auf der Website.

Vektorgrafik

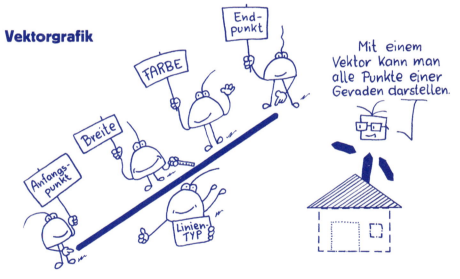

Hat Tom jetzt eigentlich ähnlich wie Lisa beim Zeichnen von Figuren eine Pixelgrafik erzeugt?

Wenn man wie Tom mit einem Zeichenprogramm arbeitet und Eckpunkte von geometrischen Figuren festlegt, macht es für das Programm wenig Sinn, wie der Scanner jeden einzelnen Bildpunkt abzutasten und diese Information in einer Datei zu speichern. Es ist hier viel effizienter, lediglich die Informationen über

IX | Bilder lügen nicht ...?

die **geometrischen Eigenschaften** der gezeichneten Figuren zu speichern. Beim Kreis benötigt man z.B. neben den Informationen zur Linie, wie Stärke, Farbe, Art nur noch Angaben zum Mittelpunkt und zum Radius.

Etwas komplexere Vektorgrafiken können als Komposition von verschiedenen geometrischen Grundformen gestaltet werden. So besteht das abgebildete Haus aus einem Dreieck, zwei Rechtecken und einem Quadrat, wobei jeder dieser Grundformen als Eigenschaft eine Füllfarbe zugeordnet ist.

Auf diese Weise benötigen Vektorgrafiken im Vergleich zu Pixelgrafiken meistens erheblich weniger Speicherplatz. Lediglich bei sehr komplexen Grafiken, wie z.B. Konstruktionszeichnungen, die aus sehr vielen Einzelobjekten bestehen, haben auch Vektorgrafiken einen größeren Speicherbedarf. Vektorgrafikdateien werden vom Computer ebenfalls in einem spezifischen Dateiformat gespeichert, z.B. cdr. Wie auch bei der Pixelgrafik kann der Computer an der Dateiendung den **Grafiktyp** erkennen.

Ein weiterer großer Vorteil von Vektorgrafiken ist, dass sie auch bei Vergrößerungen keinen Qualitätsverlust erleiden, da die Linienführung in dem neuen, verfeinerten Koordinatensystem jederzeit schnell wieder berechnet werden kann. Man sagt, sie sind **skalierbar**. Dagegen bleiben bei Pixelgrafiken einmal festgelegte Pixelwerte im Speicher für alle Vergrößerungen von Bildausschnitten stabil definiert, was zu der oben beschriebenen Rasterung führt.

Eine Vektorgrafik kann aufgrund der mathematischen Beschreibungen von zweidimensionalen grafischen Grundformen (Splines) mit Formeln platzsparend gespeichert werden. Daher lassen sich Vektorgrafiken auch ohne Qualitätsverlust beliebig skalieren.

Da mit einer Vektorgrafik beschriebene grafische Objekte nicht als Mengen von Pixelpunkten definiert sind, sondern mit mathematischen Formeln beschrieben werden, kann man sie auch leicht mit einfachen Methoden der mathematischen **Abbildungsgeometrie**, wie Spiegeln, Drehen, Verschieben, am Bildschirm bewegen. Wenn man ein gescanntes Foto und ein digitales Bild vereinen und in einer gemeinsamen Datei speichern will, kann man eine Pixelgrafik mit gewissen Einschränkungen in eine Vektorgrafik umwandeln. Man spricht von einer **Vektorisierung** der Pixelgrafik.

 Nähere Informationen hierzu gibt es auf der Website.

3D-Grafik

Tom möchte das Bild von der Brücke natürlich nicht nur als Zeichnung in seine Fotomontage einbauen, sondern auch als räumliche Darstellung, wie das Foto von einer echten Brücke. Dazu muss er ein Grafikprogramm verwenden, das die dreidimensionale räumliche Darstellung von Objekten ermöglicht.

Da der Bildschirm eine zweidimensionale Ebene zum Zeichnen darstellt, müssen alle räumlichen Objekte ähnlich wie beim Schattenspiel, in diese Ebene projiziert werden. Dazu gibt es verschiedene Verfahren.

Ein häufig verwendetes ist die **Zentralprojektion**. Es funktioniert ähnlich wie die Optik des menschlichen Auges und vermittelt bei der perspektivischen Darstellung von räumlichen Gegenständen einen natürlichen Bildeindruck. Die imaginären Projektionsstrahlen gehen von einem gemeinsamen Projektionszentrum Z aus und erzeugen von jedem Punkt P des dreidimensionalen Objekts, durch das sie gehen, einen Bildpunkt P' auf der Projektionsebene. Jeder Bildpunkt P' ist hierbei das Bild von beliebig vielen Raumpunkten P, die alle auf dem Projektionsstrahl durch P' liegen.

IX | Bilder lügen nicht ...?

Zur Transformation von Raumpunkten im dreidimensionalen Raum verwendet man Projektionsalgorithmen, die mit Methoden der dreidimensionalen **Matrizen- und Vektorrechnung** operieren. Da alle Bildpunkte eines räumlichen Objekts mit den Formeln von **Projektionsalgorithmen** beschrieben werden können, kann man sie ähnlich wie im zweidimensionalen Fall mit Verfahren der Abbildgeometrie um alle drei Achsen drehen und verschieben.

 Weitere Infos zur Koordinatentransformation auf der Website.

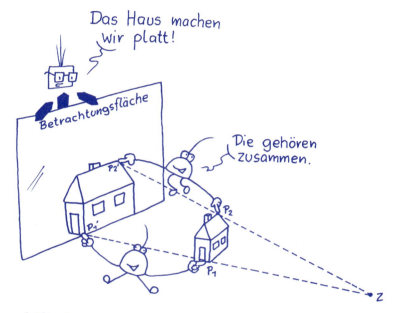

Raytracing und Clipping

Wie kann man dem Computer zur Erzeugung eines dreidimensionalen Raumeffekts in einem Bild beibringen, welche Punkte, Linien und Flächen eines Objekts er darstellen soll und welche verborgen bleiben? Das geht mit Raytracing.

Raytracing beschreibt die Verfolgung eines Lichtstrahls vom Auge des Betrachters hin zu einem Objekt im virtuellen dreidimensionalen Raum. Bei der Projektion von dreidimensionalen Objekten auf die Zeichenebene wird nur der Punkt des räumlichen Objekts als Pixel abgebildet, der dem Auge des Betrachters am nächsten ist. Alle anderen Punkte im virtuellen dreidimensionalen Raum, die sich auf dem gleichen Projektionsstrahl befinden, bleiben unsichtbar. Dazu müssen bei der dreidimensionalen Grafik **Verdeckungsberechnungen** durchgeführt werden, die man unter dem Begriff Raytracing zusammenfasst. Es wird dabei insgesamt entschieden, welche Linien und Flächen auf der Abbildungsebene sichtbar sind und welche nicht. Beim Haus in der Zeichnung sind nur die Gebäudeteile sichtbar, die dem Auge des Betrachters zugewandt sind. Die Rückseite des Hauses bleibt wie auch in der Wirklichkeit für den Betrachter unsichtbar.

Es muss bei der 3D-Grafik ferner eine Entscheidung über die Ausdehnung der Sichtbarkeit des virtuellen Bildraums, den **Bildausschnitt**, getroffen werden. Hierbei wird festgelegt, zwischen welchen Ebenen auf der x-, y-, z-Achse sich Objekte befinden dürfen, damit sie noch abgebildet werden können. Die mathematischen Verfahren, die die Sichtbarkeit von Objekten im Raum berechnen, fasst man unter dem Begriff **Clipping** zusammen. Dazu werden u.a. vordere und hintere Clipping-Ebenen definiert.

Rendering und Radiosity

Damit Toms virtuelle 3D-Brücke auf der Website echt aussieht, sollte ihre Oberfläche möglichst natürlich aussehen. Auch Licht und Schatten sollten wie bei einer echten Brücke zu sehen sein. Wie ist das machbar?

Damit ein schönes digitales Bild mit räumlicher Perspektive entsteht, müssen die einzelnen Bildpunkte auf der Projektionsebene alle notwendigen Informationen

IX Bilder lügen nicht …?

enthalten. Die Farbe der einzelnen Bildpunkte hängt dabei auch von einer oder mehreren Lichtquellen ab, die auf die virtuellen dreidimensionalen Objekte einstrahlen. Sie erzeugen Schattenwürfe auf andere Objekte im Raum und beeinflussen so deren Oberflächenstruktur, die sogenannte **Textur**.

Außerdem reflektieren die Oberflächen die Strahlen der Lichtquellen oder besitzen sogar eine eigene Strahlkraft. Dieser Problemkreis bei der 3D- Darstellung von Objekten wird als **Radiosity** bezeichnet.

Der gesamte Rechenprozess im Computer, der aus den Beschreibungen grafischer Objekte mit Methoden der räumlichen Vektorgrafik ein gut anzusehendes virtuelles 3D-Szenario ermittelt, wird als **Rendering** bezeichnet.

Mit dieser Technik können Tom und Lisa auf ihrer Webseite das realistische Bild einer zukünftigen Brückenlandschaft zeigen. Außerdem zeigt das Beispiel: Traue niemals einem Bild, es zeigt nur einen Teil der Wirklichkeit!

3D-Animationen und Filme

Mit leistungsfähigen Computern und Grafikprogrammen werden heutzutage mit diesen Methoden 3D-Animationen, Computerspiele und virtuelle 3D-Filme erzeugt. Genau wie im Beispiel mit der Brücke kann man auch im Film Szenen mit realen Schauspielern mit virtuell erzeugten bewegten Objekten verschmelzen, wie z.B. in **Jurassic Park** und vielen weiteren.

Ähnlich wie bei den Grafikobjekten in der Ebene werden die mathematisch definierten 3D-Grafikobjekte im virtuellen Raum vor dem virtuellen Hintergrund bewegt. Die Software muss beim dazu erforderlichen Rendering jeweils in **Echtzeit** die neuen Eigenschaften der Objektabbildungen auf der Projektionsebene berechnen. Diese Berechnungen muss sie nicht nur für ein bewegtes Objekt, sondern für viele bewegte virtuelle Objekte gleichzeitig durchführen.

Aber es kommt bei animierten Filmen und 3D-Computerspielen noch anspruchsvoller: Die Position des Beobachters und die **Lichtquellen** müssen nicht fixiert sein, sondern können sich ebenfalls bewegen, was zu ständig neuen Raytracing- und Radiosity-Situationen führt. Da hat der Computer echt was zu tun!! Dagegen ist eine virtuelle **Kamerafahrt** um Toms 3D-Modell der Brücke eine schlafmützige Angelegenheit.

IX | Bilder lügen nicht …?

Erkenntnisse dieses Kapitels

- Man unterscheidet grundsätzlich zwischen **Pixel- und Vektorgrafik**.

- Bei der Darstellung digitaler Bilder im Computer sind die **Auflösung** und die **Farbtiefe** entscheidend für die **Bildqualität**.

- Es gibt unterschiedliche **Dateiformate** für die Darstellung von digitalen Grafiken und Bildern. Für die Präsentation im Web ist ein komprimiertes Dateiformat erforderlich.

- Mit Methoden der **Abbildungsgeometrie** lassen sich auch dreidimensionale Objekte realitätsnah auf einen zweidimensionalen Bildschirm abbilden.

- Leistungsfähige Computer können auf der Basis der mathematischen Beschreibungen von Objekten in **Echtzeit** animierte **virtuelle 3D-Szenarien** errechnen.

KAPITEL X

DATEN AUF REISEN IN 80 SEKUNDEN UM DIE WELT

Daten auf Reisen – in 80 Sekunden um die Welt
Computernetze und das Internet

In 80 Sekunden um die Welt? Wie soll das denn gehen? Nun, für eine Nachricht im Internet stellt das keine große Herausforderung dar. Im Gegenteil, 80 Sekunden für die **Weltumrundung** eines Datenpakets wären äußerst langsam – normalerweise braucht ein Paket nur **Millisekunden** für diese Aufgabe. Um zu verstehen, wie das funktioniert und wie es uns heute möglich ist, mit unseren Freunden auf der anderen Seite der Welt zu kommunizieren, schnell und unkompliziert an große Mengen von Informationen zu kommen oder problemlos Musik im Internet zu kaufen, müssen wir zunächst die Grundlagen der Kommunikation in solchen Netzen verstehen.

Computernetze und das Internet | X

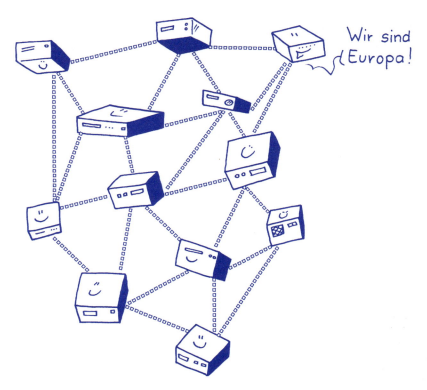

Computernetze stellen den Zusammenschluss einzelner Computer zu einem Verbund dar, oft auch als Computernetzwerk oder Rechnernetz bezeichnet. Die einzelnen Computer sind durch ein physikalisches **Medium** miteinander verbunden, um untereinander Daten austauschen zu können. Das Medium kann dabei ein Kabel sein oder aber eine Funkverbindung. Die Verbindung von zwei Computern mit einem Kommunikationsmedium nennt man Übertragungsweg. Computernetze lassen sich nach verschiedenen Kriterien wie Größe, Art der **Übertragungswege** oder Aufbau einteilen.

 Mehr Informationen dazu gibt es auf den Webseiten zum Buch.

X | Daten auf Reisen – in 80 Sekunden um die Welt

Doch wie kommen nun die Daten von einem Computer zum anderen? Anders als bei der Post werden in Computernetzen die zu versendenden Nachrichten in kleine Teile, die sogenannten Pakete, zerlegt. Die Zerlegung macht es viel einfacher, die Informationen zu versenden. Auf den Übertragungswegen werden die Pakete nun vom Sender zum Empfänger geschickt. Dort angekommen, werden die Pakete wieder zusammengesetzt. Damit das funktioniert, muss die Kommunikation in Netzwerken bestimmten Regeln folgen, damit sie stets zuverlässig funktioniert und jeder Teilnehmer im Netzwerk genau weiß, was er zu tun hat.

Bei der Telekommunikation wird prinzipiell zwischen zwei verschiedenen Verfahren der Vermittlung von Kommunikationspartnern unterschieden: der Leitungsvermittlung und der Paketvermittlung.

Bei der **Leitungsvermittlung** wird zwischen Sender und Empfänger ein Kommunikationskanal verwendet, der nur den beteiligten Kommunikationspartnern zur Verfügung steht. Diese Verbindung muss vor der eigentlichen Kommunikation aufgebaut werden und danach wieder abgebaut werden; wir sprechen daher auch von **verbindungsorientierter** Kommunikation. Die Leitungsvermittlung kennt man von Telefongesprächen: Man wählt eine Nummer, die Verbindung wird hergestellt, man spricht mit dem Angerufenen und legt dann auf und die Verbindung wird getrennt.

Bei der **Paketvermittlung** wird die zu übertragende Information hingegen in einzelne Teile zerlegt und über ein dezentrales Netzwerk versendet. Jedes Paket kennt seine Absender- und Empfängeradresse und kann so vollkommen eigenständig im Netzwerk übertragen werden. Das Prinzip kennen wir aus dem echten Leben; kauft man Möbel im Möbelhaus, so sind diese in einzelne Pakete aufgeteilt und müssen auf verschiedenen Wegen und mit verschiedenen Transportmitteln nach Hause angeliefert werden. Zu Hause müssen die einzelnen Teile dann erst wieder zusammengebaut werden. In Computernetzen kann jedes Paket verschiedene Wege zum Empfänger nehmen und wird dort wieder zur versendeten Information zusammengesetzt. Da bei der Paketvermittlung nicht erst eine exklusive Verbindung zwischen Sender und Empfänger aufgebaut werden muss, nennt man diese Übertragungsart auch **verbindungslos**.

X | Daten auf Reisen – in 80 Sekunden um die Welt

Beachte! Bei der Punkt-zu-Punkt-Kommunikation erfolgt der Informationsaustausch zwischen genau zwei Teilnehmern. Bei der Mehrpunktkommunikation werden die Nachrichten von allen angeschlossenen Teilnehmern mitgehört.

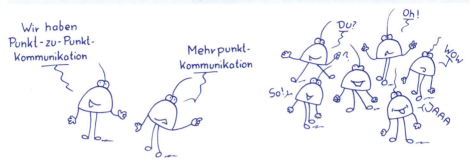

Schichtenmodelle zur Kommunikation in Computernetzen

Wie auch im echten Leben findet die Kommunikation in Computernetzen auf verschiedenen Ebenen statt. Um zu beschreiben, wie die Datenkommunikation in Netzwerken prinzipiell funktioniert, verwendet man oft sogenannte **Schichtenmodelle**. Schichtenmodelle gliedern komplexe Problemstellungen in einzelne Schritte, die nacheinander ausgeführt werden und aufeinander aufbauen.

Betrachten wir zum Beispiel ein Telefongespräch zwischen dem chinesischen und dem französischen Staatspräsidenten. Beide sprechen nur ihre Muttersprache und benötigen daher zur Kommunikation einen **Dolmetscher**. Die Dolmetscher sprechen jeweils Englisch und können sich so untereinander verständigen. Die Staatspräsidenten sprechen also jeweils mit ihrem Dolmetscher, die über Telefon miteinander verbunden sind. Dazu muss eine Verbindung zwischen den Telefonen aufgebaut werden, die physikalisch über Telefonkabel realisiert wird. Das Gespräch kann nur erfolgreich durchgeführt werden, wenn auf beiden Seiten die genaue Reihenfolge eingehalten wird. Das Schichtenmodell muss komplett durchlaufen werden, da jede **Schicht** nur mit der über ihr liegenden und der unter ihr liegenden kommunizieren kann. In unserem Beispiel kann der chinesische Staatspräsident nicht einfach seinen Dolmetscher überspringen, da der Dolmetscher auf der französischen Seite eine Nachricht in englischer Sprache erwartet und mit einer chinesischen Nachricht nichts anfangen kann.

Computernetze und das Internet | X

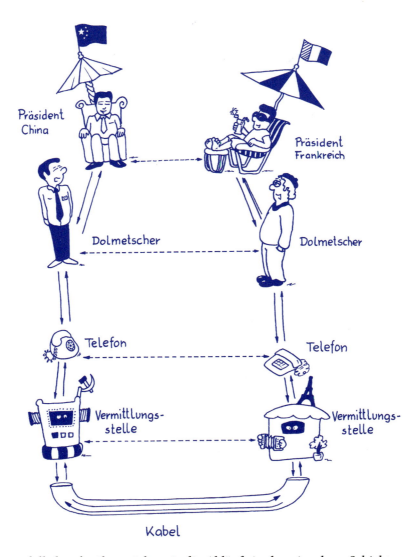

Schichtenmodelle beschreiben nicht, wie die Abläufe in den einzelnen Schichten umzusetzen sind. Statt zu telefonieren, könnten die Dolmetscher also zum Beispiel auch E-Mails schreiben, um die Informationen ihrer Chefs zu übersetzen (was sie aus Zeitgründen natürlich nicht machen würden). Mit Schichtenmodellen lassen sich jedoch auch komplexere **Kommunikationsabläufe** abbilden.

 Auf den Webseiten gibt es noch mehr Informationen zu Schichtenmodellen.

X | Daten auf Reisen – in 80 Sekunden um die Welt

Die Protokollfamilie **TCP/IP** steht für die zentralen Kommunikations- und Übertragungsprotokolle im Internet.

 Ein Kommunikationsprotokoll oder kurz Protokoll definiert alle syntaktischen Regeln und Formate für den Informationsaustausch und somit das Verhalten der beteiligten Kommunikationspartner.

Das sogenannte Internet Protocol (IP) ist dafür verantwortlich, Daten im Internet stets paketweise zu übertragen. Das Transmission Control Protocol (TCP) transportiert die Pakete und steuert die Datenübertragung. Die Protokolle der TCP/IP-Protokollfamilie unterscheiden vier verschiedene Schichten, von denen jede für sich bestimmte Aufgaben in der Datenkommunikation übernimmt. Bild

Schicht eins sichert den physikalischen Zugriff auf das Netzwerk – Medium und die Methoden der physikalischen Übertragung werden definiert. Außerdem sichert die Netzzugangsschicht die Datenübertragung zwischen zwei Computern ab, damit alle Pakete beim Empfänger ankommen und während der Übertragung nicht verändert werden.

Computernetze und das Internet | X

Zur Absicherung der Kommunikation werden im Kopf (dem **Header**) jedes Datenpakets Nummern und Prüfsummen eingefügt, mit denen kontrolliert werden kann, ob ein Datenpaket unverändert angekommen ist. Wurde ein Paket verändert, so wird es noch einmal angefordert; ist eines verloren gegangen, so sendet es der Absender noch mal. Erst wenn alle Pakete angekommen sind und sich im Originalzustand befinden, ist die Übertragung abgeschlossen.

Die zweite Schicht im TCP/IP-Schichtenmodell ist die **Internetschicht**. Diese sorgt für die Vermittlung der Nachrichten in einem Computernetz. Daher beinhalten die zu versendenden Pakete die Adresse des Senders und des Empfängers.

Nicht alle Pakete in einem Computernetz haben die gleiche Priorität. So merken wir es gar nicht richtig, ob eine Webseite innerhalb einer halben oder zwei Sekunden angezeigt wird. Bei der Internettelefonie hingegen bemerken wir jede Verzögerung der Pakete sofort, dann kommt unsere Sprache nämlich abgehackt beim Gegenüber an.

X | Daten auf Reisen – in 80 Sekunden um die Welt

Die **Transportschicht** regelt die komplette Vermittlung der Datenpakete und beachtet dabei die Prioritäten und Ziele der einzelnen Pakete, so dass wichtige Pakete bevorzugt behandelt werden. In den ersten drei werden ausschließlich binäre Informationen zwischen den Kommunikationsteilnehmern ausgetauscht.

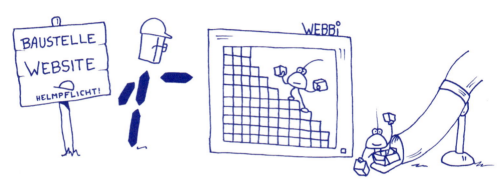

Erst in der letzten, der **Anwendungsschicht**, sind die Anwendungen und Protokolle angesiedelt, die aus den Einsen und Nullen Texte, Bilder oder Videos werden lassen. Die letzte Schicht ist also die eigentliche Schnittstelle zwischen Mensch und Computer, hier benutzen wir einen Browser zur Anzeige von Webseiten oder für den Versand von E-Mails.

Adressierung in Computernetzen

Um genau zu verstehen, wie die Pakete ihren Empfänger finden, müssen wir uns die Adressen von Sender und Empfänger noch einmal ganz genau ansehen. Bei der Kommunikation in Datennetzen werden grundsätzlich verschiedene Arten von Adressen unterschieden. Die sogenannte **MAC-Adresse** (Media Access Control) ist eine individuelle Hardware-Adresse eines Netzwerkadapters. Mit der MAC-Adresse kann so genau bestimmt werden, mit welchem Gerät im Datennetz die Kommunikation stattfindet. Die **IP-Adresse** hingegen kann wie die Postanschrift auf einem Briefumschlag verstanden werden.

Computernetze und das Internet | X

Zu den IP-Adressen kommen dann noch Ports, um Pakete genauer zuordnen zu können. Ports entsprechen in etwa den Raumnummern in einem Hotel. Jedem Protokoll ist standardmäßig ein Port zugeordnet, über den es kommuniziert. Jeder Kommunikationsteilnehmer im Datennetz verfügt durch die Kombination von IP-Adresse und Port über eine netzweit eindeutige Identifikation.

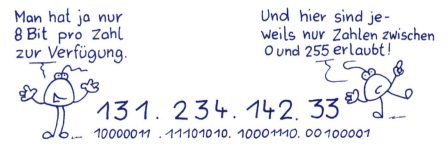

Eine IPv4-Adresse ist 32 Bit (oder 4 Byte) lang und wird durch vier dreistellige Zahlen dargestellt, die durch Punkte getrennt sind (z.B. 131.234.142.033). Oft werden dabei die führenden Nullen einfach weggelassen. Computerintern wird die Adresse natürlich wieder binär dargestellt. Mit dem Internet Protocol in Version 4 lassen sich über vier Milliarden IP-Adressen bilden (genau 2^{32} = 4.296.967.296). Die Vergabe von IP-Adressen erfolgt streng hierarchisch und ist weltweit durch regionale Vergabestellen geregelt. Da inzwischen die zu vergebenden Adressen nach und nach knapp werden, existiert bereits eine Weiterentwicklung des Internet Protocol. In Version 6 (IPv6) gibt es dann 2^{128} (also etwa 340 **Sextillionen**, also 340 und dann 36 Nullen) verschiedene IP-Adressen. IPv6 verbessert das Internet Protocol allerdings auch noch an anderen Stellen.

Routing in Computernetzen

Ein Netzwerk wird hauptsächlich aus Computern und Kabeln aufgebaut, doch allein dadurch funktioniert es noch nicht. Um Daten von einem Computer zu einem anderen senden zu können, muss klar sein, wie die anderen Computer im Netzwerk zu finden sind. Der Vorgang dieser Vermittlung in einem Netzwerk nennt sich **Routing**. Bei diesem Vorgang werden sogenannte **Router** eingesetzt, die verschiedene Netzwerke verbinden können. Die Datenpakete in einem Netzwerk müssen von einem Rechner zu einem anderen übertragen werden. Router lösen diese Problem, indem sie jedem Paket den richtigen Weg weisen.

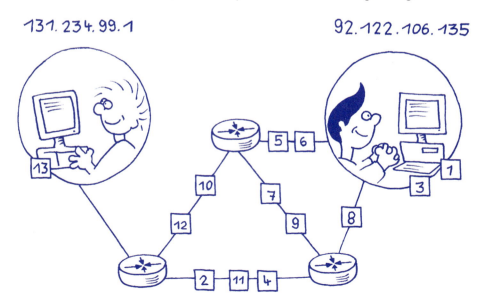

Der Router kann bei jedem Paket die **Zieladresse** herausfinden (sie steht ja im Header) und weiß so, an welche IP-Adresse das Paket ausgeliefert werden soll. Der Router muss dabei nur den ersten Teil der IP-Adresse auswerten und das Paket so ins richtige Zielnetz weiterleiten, die Verteilung innerhalb des Zielnetzes übernehmen die Router des Zielnetzes eigenständig.

Der Internetdienst E-Mail

E-Mail war einer der ersten Dienste im Internet und wurde schnell zum meistgenutzten Angebot. E-Mails bestehen ausschließlich aus ASCII-Zeichen und sind intern in zwei Teile aufgeteilt: den **Header** mit Kopfzeilen und den **Body** mit dem eigentlichen Inhalt der E-Mail. Die Kopfzeilen geben darüber Auskunft, welchen Weg die E-Mail genommen hat, und zeigen Informationen über Sender, Empfänger, Datum der Erstellung und vieles mehr an. Der Body einer E-Mail enthält dann den Text der Nachricht und eventuell die beigefügten Anhänge. Sender und Empfänger einer E-Mail werden durch eine eindeutige E-Mail-Adresse angegeben.

Als typische Protokolle werden bei E-Mail **SMTP** zum Versand von E-Mails und **IMAP** sowie **POP** zum Abruf von E-Mails verwendet. SMTP steht für Simple Mail Transfer Protocol und ist das Protokoll, das E-Mails zwischen zwei Mailservern überträgt. POP3 ist die dritte Version des Post Office Protocol (daher die 3 im Namen) und ist ein Protokoll zum Abholen von E-Mails von einem Mailserver. IMAP (Internet Message Access Protocol) ist ebenfalls zum Abholen von E-Mails gedacht, erlaubt jedoch komplexe Möglichkeiten zum Verwalten von E-Mails auf dem Mailserver.

X | Daten auf Reisen – in 80 Sekunden um die Welt

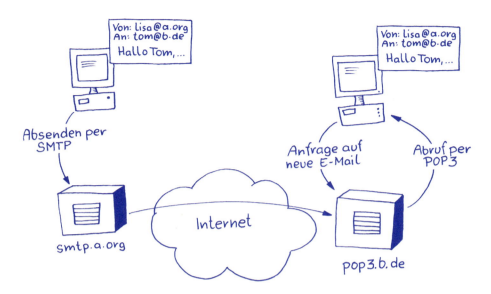

Das Versenden einer E-Mail läuft prinzipiell so ab, dass der Sender der E-Mail mit seinem E-Mail-Programm eine SMTP-Anfrage an den Mailserver schickt und dieser Mailserver die benötigten Informationen zum Versand beschafft und die E-Mail an den Ziel-Mailserver versendet. Der Ziel-Mailserver legt die E-Mail dann im Postfach des Empfängers ab, wo dieser die E-Mail mit IMAP oder POP abholen kann.

Der Internetdienst WWW

Auch wenn die Begriffe Internet und WWW zumeist gleichbedeutend verwendet werden, meinen sie verschiedene Sachen. Das **World Wide Web** oder auch kurz WWW ist der am zweitmeisten verwendete Dienst im Internet. Das WWW macht es möglich, multimediale Dokumente darzustellen, sie zu verlinken und suchbar zu machen. Das World Wide Web ist streng genommen ein **Hypertextsystem**, in dem Informationen durch gerichtete Verweise (auch bekannt als **Links**) miteinander verbunden sind. Auf einer Webseite können so ganz einfach und unkompliziert Informationen auf anderen Seiten **verlinkt** werden.

174

Computernetze und das Internet X

Das WWW beruht auf den Kernelementen Hypertext Transfer Protocol (HTTP), Hypertext Markup Language (HTML) und Uniform Resource Locators (URLs). Um im WWW Webseiten anzeigen zu können, benötigt man einen Browser, der das Protokoll **HTTP** versteht und Webseiten im HTML-Format anzeigen kann. Da man sich IP-Adressen nur schwer merken kann, wurden mit den **URL**s von Menschen lesbare Adressen eingeführt. URLs bestehen zwingend aus dem verwendeten Protokoll (meist ist das HTTP), dem Host (also der eigentlichen Adresse) und dem angefragten Pfad auf dem Host (das ist zum Beispiel /konzerte). Hinter der URL **http://www.tuvalua-boys.tv** könnte sich zum Beispiel die IP-Adresse 210.4.123.34 verbergen.

175

X | Daten auf Reisen – in 80 Sekunden um die Welt

HTML ist ein einheitliches Format für Dokumente im WWW und ermöglicht die Darstellung verschiedener Dokumente im WWW. HTML bietet dem Benutzer Auszeichnungsbefehle (sogenannte Tags), welche die Strukturelemente eines Textes definieren. Ein Textteil kann beispielsweise als Überschrift erster Ordnung definiert werden, ein anderes Textelement als geschlossener Textabsatz oder Tabelle. Um dann bestimmte Informationen im WWW wiederzufinden, nutzt man eine Suchmaschine, die zu jeder Suche eine große Menge an Links zu Seiten liefert. So ist es dann für jeden mög-lich, auch seltene Musikgruppen wie die Tuvalua Boys aus dem entfernten Funafuti zu finden und ihre Konzerte live im WWW verfolgen zu können.

Web 2.0 – Social Software

Lisa und Tom sind mittels **RSS-Feed** zu einer Fete eingeladen worden. RSS steht für Really Simple Syndication und ist ein Service, der Nutzer auf Veränderungen in Webseiten aufmerksam macht, ohne dass sie sich gerade diese Seite anschauen. Dazu müssen sich Lisa und Tom zunächst bei Kevins RSS-Feed anmelden. Man sagt auch, sie müssen den Feed abonnieren. Wenn sie dann später im Internet irgendwo surfen, werden durch den RSS-Feed Veränderungen auf Kevins Seite

Computernetze und das Internet | X

im **Feedreader** von Tom und Lisa, der meist im Browser integriert ist, angezeigt. Auf diese Weise kann man interessante Webseiten und andere Angebote, wie z.B. Podcast, d.h. internetbasierte Audioangebote, miteinander verknüpfen und wird über Veränderungen dort immer auf dem Laufenden gehalten.

Kevin hat seine Einladung in seinem **Blog** bekanntgegeben. Ein Blog oder Weblog ist eine spezielle Webseite, auf der die Eigentümer der Seite ein öffentliches Tagebuch, ein „**Logbuch**" führen. Die Eintragungen sind chronologisch sortiert und enthalten meist die Meinung des Bloggers über ihn interessierende Themen. **Blogger** verweisen oft mittels Hyperlink auf andere Blogs von Freunden oder zu Blogs mit ähnlichen Themen. Durch die wechselseitigen Links zwischen den verschiedenen Blogs auf der Welt entsteht ein stark verzweigtes Beziehungsnetz, das von Freundschaften oder gemeinsamen Themen und Interessen geprägt ist. Dieses Netzwerk nennt man auch die **Blogosphäre**. Da dort Meinungen intensiv diskutiert werden, können Blogs Auswirkungen auf die Einstellungen der Leser haben. Durch die Verlinkung entsteht auch ein Netz von Personen, ein sogenanntes **soziales Netzwerk**. Software, die den Aufbau von derartigen sozialen Beziehungsnetzen unterstützt, bezeichnet man auch als **Social Software**.

Mirja hat eben gepostet, dass sie uns nach dem Shoppen zu Kevins Fete abholt...

Zur Social Software kann auch das **Micro-Blogging** gerechnet werden. Nutzer können über einen Internetdienst wie **Twitter** Kurznachrichten an einzelne oder mehrere Personen gleichzeitig versenden. Sie ähneln vom Sprachstil einer **SMS** auf dem Handy, können privat oder öffentlich zugänglich sein und werden wie in einem Blog auf einer Website chronologisch dargestellt. Da die Kurznachrichten auch über mobile Endgeräte wie Smartphones abgerufen werden können, kann man sich jederzeit und an jedem Ort über die aktuellen Aktivitäten von Freunden informieren.

177

X | Daten auf Reisen – in 80 Sekunden um die Welt

Wenn man sich mit anderen über im Web gefundene Inhalte zu einem Thema austauschen will, kann man die individuellen Verweise auf diese Seiten, die Lesezeichen oder auch Bookmarks, auch mit anderen „teilen". Diesen Teilungsprozess von Bookmarks nennt man **Social Bookmarking**. Durch die beteiligten Personen wird auch dabei ein soziales Netzwerk aufgebaut. Das inhaltsbezogene Netz der geteilten Bookmarks erzeugt auf diese Weise gleichzeitig ein **soziales Netzwerk** der in das Bookmarking eingebundenen Personen.

Kevin hat in seinem Blog mitgeteilt, dass man ein Codewort benötigt, um an der Fete in der „Wilden Ente" teilzunehmen. Es sollen ja schließlich nicht alle, die seinen Blog lesen, eingeladen werden. Dieser Code steht in einem **Shared Workspace** im Internet. Hier wird ein weiterer Aspekt von Social Software deutlich: Im Web 2.0 kann man nicht nur Webseiten lesen, sondern man kann auch gemeinsam an einem Text schreiben. Kooperatives Schreiben im Netz wird z.B. durch ein **Wiki** ermöglicht. Ein Wiki ist hawaiianisch und heißt „schnell". Es ermöglicht es mehreren Nutzern, auf der Website zu schreiben. Dokumente können so online von Personen geändert werden, die sich an völlig verschiedenen Orten befinden. Wikis sind meistens öffentlich, wie das größte Online-Lexikon „Wikipedia". Sie können aber auch auf eine Nutzergruppe beschränkt sein. Dann spricht man von einem Shared Workspace, zu dem man nur mit einem Passwort zugelassen wird.

Der Begriff Web 2.0 bezieht sich im Wesentlichen auf die Nutzung grundlegender Techniken und Protokolle des klassischen Internets. Eine neue Qualität ergibt sich durch die Möglichkeit zur sozialen Vernetzung der Nutzer. Sie erweitern die passive Rolle des Lesens im traditionellen Internet hin zum kooperativen Gestalten und Verteilen von Inhalten.

Portale

Im Internet werden nicht nur Textdokumente mittels Hyperlinks und RSS miteinander vernetzt. Es gibt Webseiten, sogenannte Portale, über die Audio- und Videoformate verbreitet werden. Websites, die diese Dienste anbieten, erfreuen sich weltweit eines riesigen Interesses und gelangen zu beträchtlichem Marktwert, z.B. Flickr für Bilder und YouTube für Videos. Mittlerweile bieten auch Fernsehsender und Zeitungsverlage **Podcasts** an. Es handelt sich um Video- und Audiodateien, die vom Nutzer abonniert oder einfach heruntergeladen werden können. Auch digitales Fernsehen im Internet wird so zeit- und ortsunabhängig möglich.

Es können vom Anbieter einer Webseite auch Webservices definiert werden, die sich dann von Nutzern als sogenannte **Mashups** in eigene Applikationen integrieren lassen. So kann sich ein Nutzer z.B. bei **iGoogle** auf seiner speziellen Einstiegsseite in dieses Portal Hinweise auf Konzerte, Fahrplanangaben von Bahn- und Nahverkehr, Gruppenkalender, Shared Workspaces, Politikschlagzeilen, Wetterinformationen, Übersetzungsdienste und vieles mehr anzeigen lassen.

Es gibt ferner Webseiten, die sich speziell dem Aufbau von sozialen Beziehungsnetzen widmen. Sie wenden sich an spezielle Zielgruppen, wie **studiVZ**, **schülerVZ** und **Facebook**, oder dienen spezifischen Interessen wie **XING**, eine Plattform für private und geschäftliche Beziehungen. Auch virtuelle Welten wie **Second Life** bieten auf 3D-Webseiten Live-Begegnungen mit anderen Menschen an. Jeder Nutzer steuert sein virtuelles Abbild, einen **Avatar**, und kann über dieses mit anderen Avataren in der virtuellen Welt kommunizieren, spielen, handeln und in jeder anderen denkbaren Form interagieren.

Wisdom of the Crowd

X | Daten auf Reisen – in 80 Sekunden um die Welt

Im Web 2.0 wird das Wissen von vielen zusammengetragen und kooperativ gestaltet. Das funktioniert so ähnlich wie der **Publikumsjoker** bei bekannten Fernsehshows. Wissenslücken des Einzelnen können durch das gesammelte Wissen vieler ausgeglichen werden. Im Gegensatz zu Webseiten, die Expertenwissen veröffentlichen, kann z.B. bei Wikipedia, einer webbasierten Enzyklopädie, jeder einen Eintrag machen und den Eintrag anderer korrigieren. Ein Artikel zu einem Thema wird so lange modifiziert, bis er nach Auffassung einer Mehrheit von Lesern/Schreibern in der korrekten Form ist. Dieses Konzept nennt man die Weisheit von vielen bzw. **Wisdom of the Crowd**.

Viele Portale bieten den Nutzern auch die Möglichkeit, Inhalte nach Schlagwörtern zu klassifizieren. Bei der späteren Suche können diese Inhalte über die kooperativ erzeugten Schlagwortlisten leichter und mit besserer Qualität der Suchergebnisse gefunden werden. Ein derartiges kooperatives Klassifizieren nennt man **Social Tagging**. Jedem Inhalt wird durch die Nutzer dabei eine Bewertung, ein Tag, zugeordnet. Die inhaltliche, d.h. semantische Bewertung von Webdokumenten ist Teil des **Semantic Web**, einer anderen Facette des Web 2.0. Die kollektiv erzeugten Tags klassifizieren Inhalte sehr zutreffend und da die Klassifikation von der Masse der Nutzer (folks) erzeugt wird, bezeichnet man sie auch als **Folksonomy**.

Long Tail

Davon gibt's nur fünf Bücher.

Nur ein Exempla

180

Computernetze und das Internet X

Da viele Nutzer auf das Internet suchend und lesend zugreifen und andererseits viele Nutzer auch veröffentlichen oder etwas anbieten, ergeben sich insbesondere im ökonomischen Bereich neue Möglichkeiten für Angebot und Nachfrage. Hierfür hat sich der Begriff **Wikinomics** entwickelt.

So können im Internet z.B. Produkte angeboten und gefunden werden, die man in normalen Einkaufsläden nur schwer finden würde, etwa Bücher und DVDs mit einer geringen Auflage. Manchmal werden sie auch erst auf Kundenwunsch hin produziert, wie beim **Print on Demand**. Diese breite Angebotspalette im Web, die neben Massenprodukten für viele auch Nischenprodukte für wenige anbietet, nennt man **Long Tail**.

- In Computernetzen wird die zu versendende Information in **Pakete** zerlegt und dann zwischen den Kommunikationsteilnehmern ausgetauscht.
- **Schichtenmodelle** wie die TCP/IP-Protokolle beschreiben, wie die Datenkommunikation auf verschiedenen Ebenen prinzipiell abläuft.
- Die **TCP/IP**-Protokollfamilie beinhaltet die zentralen Kommunikationsprotokolle für lokale und globale Computernetze.
- Das **Internet** ist der Zusammenschluss verschiedener Teilnetzwerke zu einem globalen, dezentralen Netzwerk.
- **E-Mail** und **WWW** sind die am meisten genutzten Dienste im Internet.
- Im **Web 2.0** sind vor allem neue Formen der Kommunikation, Kooperation und der sozialen Vernetzung anzutreffen, bei der die Nutzer eine aktive Rolle spielen.
- Dabei nutzt Web 2.0 die bisherigen Möglichkeiten des Internets und benötigt keine neuen Protokolle oder Technologien. Deshalb sind die meisten Anwendungen weiterhin an den klassischen **Browser** geknüpft.

KAPITEL XI

CÄSAR, ASTERISK UND DIE GEHEIMEN SCHLÜSSEL

Cäsar, Asterisk und die geheimen Schlüssel
Kryptografie

Lisa hat sich verliebt. Leider muss sie sich zurzeit mit Tom einen Computer teilen und der soll davon nichts mitbekommen. Sie will mit ihrem Freund E-Mails austauschen, die nur die beiden lesen können. Mit kryptografischen Verfahren ist dies auf unterschiedliche Art und Weise möglich.

Symmetrische Kryptografie

Kryptografie ermöglicht es unter anderem, Nachrichten zu verschlüsseln. Das bedeutet, dass Nachrichten so ausgetauscht werden können, dass nur die Adressaten die Nachricht lesen können. Hierfür werden als Verschlüsselungsverfahren mathematische Funktionen verwendet, die leicht zu berechnen sind, aber ohne Zusatzinformationen nur schwer umzukehren sind.

Kryptografie XI

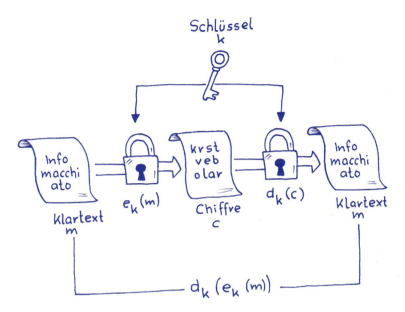

Diese zusätzlichen Informationen werden als **Schlüssel** k (engl. key) bezeichnet. Die Funktionen zum Ver- und Entschlüsseln sind typischerweise öffentlich bekannt. Nur das Geheimnis um den Schlüssel schützt die Nachricht. Für die mathematische Funktion ist es wichtig, dass sie eindeutig umzukehren ist, damit aus einer **Chiffre**, so wird die Verschlüsselung eines **Klartextes** genannt, exakt der Originaltext zurückgewonnen werden kann.

Aus der Mathematik kennt man das auch. Wenn man die Funktion $f(x) = a \cdot x + b$ hat und x bestimmen will, muss man die Umkehrfunktion bestimmen. Hier ist das:

$$f^{-1}(x) = \frac{(x-b)}{a}$$

Eine Nachricht m wird mit einem Schlüssel k und einer Verschlüsselungsfunktion $e_k(m)$ auf eine Chiffre c abgebildet. Umgekehrt muss gelten, dass eine Chiffre c mit dem Schlüssel k und der Entschlüsselungsfunktion $d_k(c)$ wieder den Originaltext m ergibt. Es muss also gelten: $d_k(e_k(m)) = m$

 Bei der symmetrischen Kryptografie sind die Schlüssel zum Ver- und Entschlüsseln identisch.

XI | Cäsar, Asterisk und die geheimen Schlüssel

 Typischerweise werden in der symmetrischen Kryptografie drei verschiedene Typen von Funktionen verwendet und kombiniert: Permutations-/ Transpositionsfunktionen, Substitutionsfunktionen und Expansionsfunktionen.

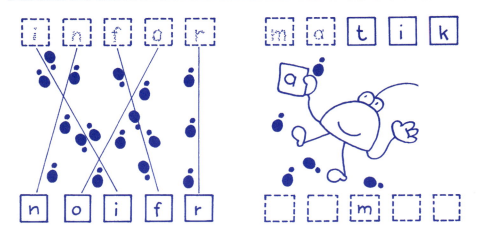

Permutationschiffren funktionieren, indem sie den Text in Blöcke aufteilen und die Buchstaben darin vertauschen. Sind die Blöcke z.B. fünf Zeichen lang, dann besteht der Schlüssel aus den Zahlen von eins bis fünf, die in einer zufälligen Reihenfolge stehen. Wendet man eine Permutationschiffre mit dem Schlüssel 31425 auf die Nachricht „infor matik macch iatoc omics" an, wird daraus die Chiffre „noifr aimtk acmch aoitc mcois".

Im dritten Block der Chiffre (acmch) kommen die Buchstaben c und h vor und es ist wahrscheinlich, dass diese im Klartext aufeinanderfolgen und ein ch bilden. Dies ist eine Schwachstelle dieses Verfahrens, da einige Buchstabenkombinationen in der deutschen Sprache wahrscheinlicher sind als andere. Andere Beispiele hierfür sind „sp" oder „tz". Ist die verschlüsselte Nachricht lang genug, können viele solche Paare gefunden werden. Daraus lässt sich dann der geheime Schlüssel bestimmen.

 Statt die Buchstaben zu vertauschen, kann man auch die Bits ihrer Binärrepräsentation vertauschen.

Kryptografie

Eine Möglichkeit, diese Paare zu verschleiern, ist es, die Buchstaben des Originaltextes auszutauschen; man spricht auch von **Substituieren**. Eines der ältesten bekannten Verschlüsselungsverfahren basiert auf diesem Prinzip, die **Cäsar-Chiffre**. Bei der Cäsar-Chiffre schreibt man zunächst das Alphabet von a bis z auf. Anschließend wählt man zufällig einen Buchstaben χ und schreibt ihn unter das a. Den auf χ folgenden Buchstaben schreibt man unter das b usw. Ist man beim Z angekommen, beginnt man wieder bei A. Statt die Buchstaben untereinanderzuschreiben, kann man sie auch auf zwei Ringe schreiben und diese dann gegeneinander verdrehen.

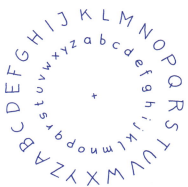

Soll ein Buchstabe verschlüsselt werden, so sucht man ihn im oberen Alphabet und ersetzt ihn durch den darunter stehenden. Zur Entschlüsselung sucht man den Buchstaben im unteren Alphabet und ersetzt diesen durch den darüber.

Eine Schwachstelle der Cäsar-Chiffre ist die geringe Größe des **Schlüsselraums** – es gibt nur 26 mögliche Schlüssel. Auch Cäsar erkannte, dass ein Angreifer schnell alle Schlüssel durchprobieren kann.

Eine Möglichkeit, die Cäsar-Chiffre ein wenig sicherer zu machen, ist die Kombination mit dem Permutationsverfahren. Wenn man die Reihenfolge des Chiffrieralphabets permutiert, statt sie zu verschieben, gibt es statt nur 26 Schlüsseln 26! (gesprochen 26 Fakultät) verschiedene Schlüssel. Der hierfür benötigte Schlüssel ist zwar länger, aber ein Angreifer kann nicht mehr einfach alle Möglichkeiten durchprobieren, denn 26! ergibt

$26 \cdot 25 \cdot 24 \cdot \ldots \cdot 3 \cdot 2 \cdot 1 = 403.291.461.126.605.635.584.000.000$ Varianten.

Sicher ist diese Chiffre dennoch nicht und das liegt an den Eigenschaften von natürlichen Sprachen. Wenn man einen in einer bestimmten Sprache geschriebenen Text untersucht, kann man feststellen, dass einige Buchstaben häufiger auftreten als andere. Der häufigste geschriebene Buchstabe in der deutschen Sprache ist z.B. das „e" mit etwa 17,4%, gefolgt vom „n" mit etwa 9,78%. Diese Häufigkeiten kann man für alle Buchstaben bestimmen. Wenn man nun einen Text wie oben beschrieben verschlüsselt, kann man zählen, welcher Buchstabe wie oft auftritt. Dieses Vorgehen nennt man **Häufigkeitsanalyse**. Der Buchstabe, der am häufigsten auftritt, ist dann wahrscheinlich die Substitution von „e". Der zweithäufigste ist dann wahrscheinlich das „n" usw.

 Bei der Substitution werden Blöcke durch andere Blöcke ersetzt. Die Blockgröße muss nicht einem Buchstaben entsprechen und kann variieren.

Eine Möglichkeit, die Häufigkeitsanalyse zu erschweren, ist das scheinbar zufällige Einfügen von Buchstaben in den Originaltext; man **expandiert** den Text. Diese eingefügten Zeichen müssen dann bei der Entschlüsselung wieder herausgefiltert werden. Dies kann man sich ähnlich vorstellen wie bei der **Räubersprache**, der **BB-Sprache** oder vielen anderen **Geheimsprachen**. Bei diesen Sprachen werden nach einem festen Muster Buchstaben oder Silben so in Worte eingefügt, dass es für einen Außenstehenden schwer ist, die richtigen Worte zu verstehen. Aus „Info-Macchiato" wird z.B. in der Räubersprache: „**in**hinflifin-**fo**holofo-**mach**a-klafak-**ch**ihilifi-**at**hatlafat-**o**holofo". Die Chiffre ist zwar viel länger, sie wurde expandiert, aber die Häufigkeiten der Buchstaben „f", „h" und „l" wurden so verändert, dass eine Häufigkeitsanalyse erschwert wird.

 Anstatt Blöcke von Zeichen einzufügen, können auch einzelne Bits wie zufällig in die Bitdarstellung der Zeichen eingefügt werden.

Eine beweisbar sichere Methode zur Verschlüsselung von Nachrichten ist das sogenannte **One-Time-Pad**. Eine Häufigkeitsanalyse auf Zeichenebene ist hier nicht mehr möglich. Und dies ist auch gleichzeitig eines der einfachsten Verfahren. Dafür wird die binäre Codierung einer Nachricht benötigt und eine zufällige Folge von Einsen und Nullen, die mindestens genauso lang ist wie die zu verschlüsselnde Nachricht.

 Wie dieses Verfahren genau funktioniert, kann auf der Webseite zu diesem Buch nachgelesen werden.

Die Sicherheit des Verfahrens liegt darin, dass für jedes einzelne Bit ein Schlüssel gewählt wurde, der vollkommen unabhängig von allen anderen Schlüsseln ist. Hat man nicht den Schlüssel, kann man jede mögliche Nachricht aus der Chiffre erzeugen, die dieselbe Länge hat. Selbst wenn man alle Schlüssel ausprobiert, jedoch den richtigen Schlüssel nicht kennt, kann man nie sicher sagen, dass eine Entschlüsselung der Chiffre dem Originaltext entspricht.

Und genau hier liegt ein Problem des One-Time-Pads. Für jede neue Verschlüsselung muss ein neuer Schlüssel erzeugt werden, der genauso lang ist wie die Nachricht. Dieses Geheimnis darf nur dem Sender und dem Empfänger der Nachricht bekannt sein. Dazu muss der Schlüssel über einen sicheren Kanal, der z.B. nicht abgehört werden kann, übertragen werden. Wenn ein solcher Kanal existiert, kann man genauso gut die Nachricht unverschlüsselt direkt darüber übertragen.

Die meisten modernen symmetrischen Kryptografieverfahren verwenden Funktionen, wie sie hier beschrieben sind, jedoch mit viel komplexeren mathematischen Funktionen. Dabei werden Zeichen verschoben, ersetzt und zusätzliche Zeichen wie zufällig eingefügt. Das internationale Standardverfahren zur symmetrischen Verschlüsselung ist **AES** (**Advanced Encryption Standard**). Lisa wählt dieses für die Verschlüsselung ihrer E-Mails aus.

Asymmetrische Kryptografie

Lisa hat sich für AES als Verschlüsselungsverfahren entschieden. Sie will nun Nachrichten mit ihrem Freund austauschen, die nur sie beide lesen können. Sie verschlüsselt eine Nachricht mit einem zufällig gewählten Schlüssel und senden die Chiffre an ihren Freund. Doch jetzt fragt sie sich, wie der geheime Schlüssel zum Entschlüsseln übermittelt wird – der wird doch zum Entschlüsseln benötigt? Sie bräuchte einen sicheren Kanal, um zu gewährleisten, dass ihr Bruder nichts von dem geheimen Inhalt der Nachrichten erfährt. Oder gibt es eine andere Möglichkeit?

Diffie-Hellman-Protokoll

Eine Möglichkeit für Lisa und ihren Freund, einen gemeinsamen geheimen Schlüssel zu haben, ist, dass die beiden den Schlüssel gemeinsam erzeugen und ihn nicht verschicken. Dieses Problem lösten als Erstes die Kryptografen Whitfield Diffie und Martin Hellman. Bei dem nach ihnen benannten **Diffie-Hellman-Protokoll** nutzen sie Eigenschaften von Zahlen aus, die aus der Zahlentheorie bekannt sind.

Wenn man zu zweit einen gemeinsamen und geheimen Schlüssel erzeugen will, kann man dies machen, indem der eine Partner eine Zahl α in einer anderen Zahl c versteckt und der andere Partner eine Zahl β in einer Zahl c'. Die Zahlen c und c' müssen nun auf einem beliebigen Weg übertragbar sein, ohne dass das Geheimnis um die versteckte Zahl preisgegeben wird. Nun muss jeder der

XI Cäsar, Asterisk und die geheimen Schlüssel

Partner es schafft, sein eigenes Geheimnis mit der erhaltenen Zahl so zu verbinden, dass die Verbindung von α und c' dasselbe ergibt wie die Verbindung von β und c. Mit dem Diffie-Hellman-Protokoll ist dies durch die Eigenschaften von verwendeten Primzahlen möglich.

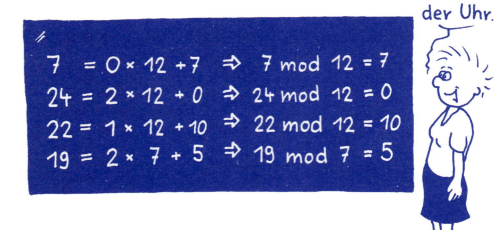

Damit Lisa gemeinsam mit ihrem Freund einen geheimen Schlüssel erzeugen kann, wählt sie sich eine Primzahl p, wie z.B. 23, aus. Um den Schlüssel zu generieren, muss sie zusätzlich zwei Zahlen g und α zufällig auswählen, die größer als 1, aber kleiner als $p-1$ sind, also eine Zahl zwischen 2 und 21. Sie wählt z. B. als g die 2 und als α die 17. Nun berechnet sie:

$$131.072 = 2^{17}$$

Und jetzt kommt der Trick, mit dem das Verfahren funktioniert: Sie berechnet den ganzzahligen Rest, der übrig bleibt, wenn man 131.072 durch 23 teilt. Das ist gerade 18. Das Berechnen des Rests ist eine mathematische Operation genauso wie das + oder das − und wird als rem oder **mod** bezeichnet. Durch die mod-Operation versteckt Lisa die Zahl 17 in der Zahl 18.

Kryptografie | XI

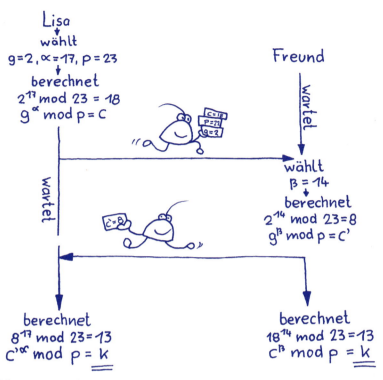

Die Zahlen 23, 2 und 18 sendet Lisa an ihren Freund, die 17 verrät sie nicht. Ihr Freund muss sich nur eine einzige zufällige Zahl β zwischen 2 und 21 aussuchen; er wählt z.B. die 14 als β. Anschließend berechnet er:

$8 = 2^{14} \bmod 23$

Er sendet nur die Zahl 8 an Lisa und berechnet dann:

$13 = 18^{14} \bmod 23$

Die Zahl 13 ist dann der geheime Schlüssel, den nur Lisa und ihr Freund kennen. Lisa kann nun den Schlüssel berechnen, denn es gilt auch:

$13 = 8^{17} \bmod 23$

XI | Cäsar, Asterisk und die geheimen Schlüssel

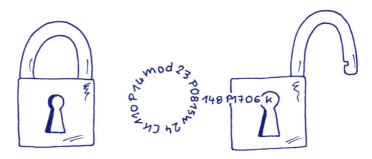

Aber wie funktioniert es, dass Lisa und ihr Freund auf diese Weise den gleichen Schlüssel besitzen und sonst niemand, obwohl so viele Informationen ausgetauscht werden, die abgefangen werden können? Das liegt daran, dass man nur sehr schwer den Logarithmus einer Zahl bestimmen kann, wenn man nur den durch die mod-Operation berechneten ganzzahligen Rest kennt.

Wenn Lisa die nötigen Informationen versendet, schickt sie nur g, c und p, diese Informationen können abgefangen werden. Ihr Freund wählt zufällig eine Zahl β und berechnet:

$$c' = g^\beta \quad \text{und} \quad k = c^\beta \bmod p$$

c' sendet er an Lisa, die jetzt auch den gemeinsamen Schlüssel berechnet:

$$k = c'^\alpha \bmod p$$

Die beiden Zahlen α und β wurden nie offensichtlich versendet, sie sind versteckt in c und c'. Selbst Lisa kennt die Zahl β ihres Freundes nicht, noch kennt er ihre Zahl α. Dennoch haben beide den gleichen Schlüssel k berechnet. Denn es gilt:

$$k = c'^\alpha = (g^\beta)^\alpha = g^{\beta\alpha} = g^{\alpha\beta} = (g^\alpha)^\beta = c^\beta = k \bmod p$$

Warum ist es aber so schwer, die geheime Zahl von Lisa, ihrem Freund oder den geheimen Schlüssel, den die beiden generieren, zu berechnen?

Man nutzt bei diesem Verfahren die Eigenschaft, dass sich die Zahlen beim Potenzieren wie zufällig verhalten. Wird eine Zahl mit zwei verschiedenen Exponenten potenziert, ist das Ergebnis mit dem größeren Exponenten auch immer das größere. Es gilt z.B.:

$$2^4 = 16 < 32 = 2^5$$

Wenn man jedoch immer nur den ganzzahligen Rest verwendet, ist diese Reihenfolge nicht gegeben. Dies kann man sehen, wenn man die Zahlen von 1 bis $p - 1$ in einem Kreis aufschreibt und dann die Potenzen einer Zahl **modulo** p berechnet.

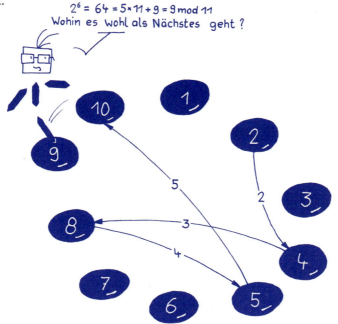

195

XI | Cäsar, Asterisk und die geheimen Schlüssel

Man kann jedoch nicht mit jeder Zahl jede andere durch Potenzieren erzeugen. Hätte man in dem Beispiel 10 als g gewählt, hätte man nur die Zahlen 1 und 10 erreichen können. Zahlen, mit denen alle anderen Zahlen durch Potenzieren erzeugt werden können, nennt man Generatoren. Diese sind nicht selten und können effizient berechnet werden.

RSA

Beim Diffie-Hellman-Protokoll müssen zur Erzeugung eines Schlüssels beide Partner aktiv sein. Was ist aber, wenn einer von beiden spontan eine Nachricht verschicken will? Zudem können Lisa und ihr Freund mit dem Diffie-Hellman-Protokoll einen gemeinsamen, zufälligen Schlüssel erzeugen, jedoch keine beliebige Nachricht (z.B. einen festen Schlüssel) verschlüsseln.

Das wohl bekannteste Verfahren, das dies ermöglicht, ist **RSA** (benannt nach den Erfindern Ronald L. Rivest, Adi Shamir und Leonard Adleman). RSA ist ein sogenanntes **Public-Key-Verfahren**, bei dem der Schlüssel aus einem **öffentlichen** und einem **privaten** Teil besteht. Dabei ist es wichtig, dass zum Verschlüsseln ein anderer Schlüssel verwendet wird als beim Entschlüsseln. Der öffentliche Teil kann wie in einem **Telefonbuch** der Allgemeinheit zugänglich gemacht werden.

Will der Freund von Lisa eine geheime Nachricht an sie senden, besorgt er sich ihren öffentlichen Schlüssel und verschlüsselt damit die Nachricht an sie. Obwohl jeder den öffentlichen Schlüssel kennt, kann nur Lisa die Chiffre wieder entschlüsseln, da nur sie den geheimen Teil ihres Schlüssels besitzt. Das ist so, als ob man auf einem Postamt eine Kiste und ein offenes Schloss mit Einrastvorrichtung hinterlegt; den Schlüssel behält man. Ein Sender kann einen Brief in die Kiste legen, diese durch Zudrücken des Schlosses verschließen und an den Eigentümer der Kiste schicken. Nur dieser kann die Kiste mit seinem Schlüssel öffnen, nicht einmal der Absender kommt wieder an den Brief.

196

Kryptografie | XI

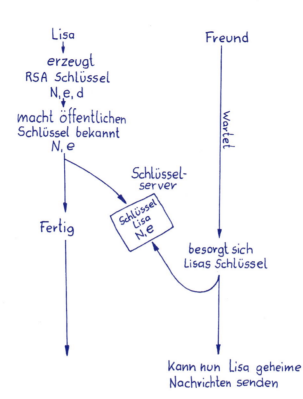

XI | Cäsar, Asterisk und die geheimen Schlüssel

Wenn Lisas Freund mit dem RSA-Verfahren eine Nachricht verschlüsseln will, muss Lisa zunächst einen Schlüssel erzeugen. Der Schlüssel besteht aus drei Komponenten: e, d und N. Die Zahl N ist das Produkt zweier Primzahlen p und q. Die Zahl d kann in Abhängigkeit von p und q gewählt werden. Die letzte Komponente e wird dann mit p, q und d berechnet. Lisa kann nun zwei der drei Komponenten bekannt machen oder an ihren Freund schicken, nämlich die Zahlen N und e – das ist der öffentliche Teil des Schlüssels. Die dritte Komponente d bleibt geheim, denn das ist der private Teil des Schlüssels.

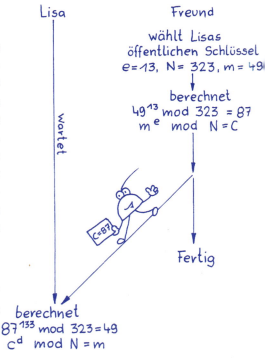

Mit dem öffentlichen Teil des Schlüssels und einer festen Verschlüsselungsfunktion kann Lisas Freund eine Nachricht verschlüsseln. Auch wenn er die Originalnachricht, die Chiffre und zwei Teile des Schlüssels kennt, ist er nicht in der Lage, den geheimen Schlüssel von Lisa zu bestimmen. Er kann auch nicht die Originalnachricht aus der Chiffre extrahieren. Das kann nur Lisa, denn nur sie hat den geheimen Schlüssel.

Aber wieso ist das Verfahren sicher? Wenn man e und N kennt, kann man dann nicht auch d berechnen?

Ja, das kann man. Aber das dauert sehr lange und ist praktisch nicht umsetzbar. Um d zu bestimmen, könnte man z.B. die beiden Primzahlen finden, aus denen N zusammengesetzt ist, also p und q. Man sagt, dass man N faktorisieren muss. Kennt man die beiden Faktoren der Zahl, kann man mit dem erweiterten euklidischen Algorithmus d berechnen. Faktorisieren ist aber auch für einen Computer ein schwieriges Problem. Der einfachste Algorithmus ist, für alle

198

Zahlen von 2 bis $\sqrt{N}$ zu prüfen, ob sie N teilen. Das Problem ist, dass bei heutigen Programmen p und q etwa 1024 Bit lang sind, d.h., dass N meist eine 2048 Bit lange Zahl ist. Es müssen also in etwa 2^{1024} Divisionen berechnet werden, um einen Teiler von N zu finden.

Wenn der Computer von Tom in der Sekunde eine Million $\approx 2^{20}$ solcher Divisionen berechnen kann, benötigt er für 2^{21} Versuche schon zwei Sekunden. Für 2^{32} braucht er schon über eine Stunde, für 2^{37} mehr als einen Tag und für 2^{45} mehr als ein Jahr. Die benötigte Rechenzeit steigt exponentiell mit der Eingabegröße. Man könnte meinen, man muss doch nur die Primzahlen testen, denn jede Zahl kann man als eindeutiges Produkt von Primzahlpotenzen darstellen. Aber davon gibt es auch sehr viele und außerdem müssten diese erst bestimmt werden.

Anzahl Menschen Deutschland: etwa 84 Mio. $< 2^{27}$
Anzahl Menschen Erde: etwa 6,7 Milliarden $< 2^{33}$
Anzahl Sterne unserer Galaxis: etwa ab 200 Milliarden $< 2^{38}$

Anzahl Sterne im Universum: etwa $10^{21} < 2^{70}$
Anzahl Atome im Universum: etwa $10^{80} < 2^{266}$

XI Cäsar, Asterisk und die geheimen Schlüssel

Mit Kryptografie, insbesondere mit der asymmetrischen, kann man aber noch viel mehr machen als nur verschlüsseln. Manchmal will man sicherstellen, dass ein Dokument nicht verändert wurde, oder man will wissen, ob eine Person tatsächlich diejenige ist, für die sie sich ausgibt. Anonymes Wählen kann damit auch realisiert werden.

Für all dies und vieles mehr lässt sich Kryptografie einsetzen. Lisa kann nun mit ihrem Freund Nachrichten austauschen, ohne dass ihr Bruder die Nachrichten lesen kann. Leider hilft Kryptografie nicht, wenn man telefoniert und der Bruder zuhört.

Erkenntnisse dieses Kapitels

- Mit **Kryptografie** kann man Nachrichten verschlüsseln.

- Bei der symmetrischen Verschlüsselung werden zum Ver- und Entschlüsseln dieselben Schlüssel benötigt. Man kann zum Verschlüsseln Zeichen und Blöcke **permutieren**, **substituieren** oder **expandieren**.

- Beim **One-Time-Pad** sollte jeder Schlüssel nur einmal verwendet werden.

- Zum Austauschen von Schlüsseln kann man asymmetrische kryptografische Verfahren verwenden.

- Mit dem **Diffie-Hellman-Protokoll** können zwei Partner gemeinsam einen geheimen Schlüssel erzeugen. Dabei wird die schwierige Berechnung des Logarithmus eines ganzzahligen Rests verwendet.

- Beim **RSA**-Verfahren gibt es einen öffentlichen und einen privaten Teil des Schlüssels. Zu deren Bestimmung wird auf das schwierige Problem der Zerlegung von sehr großen Zahlen in **Primfaktoren** zurückgegriffen.

- Kryptografie hilft nicht, wenn man nicht vorsichtig mit seinen Daten umgeht.

Stichwortverzeichnis

A

3D-Grafik 155

Advanced Encryption Standard (AES) 190

Algorithmus 53; 134; 152; 156

    Alltag 56

    Dijkstra 61

Analog 16

Analog-Digital-Wandler 16

Anti-Aliasing 150

Anweisung 52, 98, 104, 105, 113

    bedingte 52, 105, 113

Approximation 92

Assemblerprogramm 99

Auflösung (Bild) 146

Aufwand 50, 51, 53, 85

Automat

    (Start-)Zustand 66

    Akzeptor 70

    Ausgabealphabet 66

    Eingabealphabet 65

    endlich 65, 69, 70

    Nichtdeterministisch 72

    Transduktor 69

Automat

    Übergangsfunktion 67, 78

Avatar 148, 179

AVL-Baum 40

B

Baum 38

Berechenbarkeit 76

Betriebssystem 127

Binärbaum 39

Bit 19, 121, 186

Bitmap 145

Blog 177

Booten 96

Byte 22

C

Cäsar-Chiffre 187

CD 15

Chiffre 185, 186

Clipping 157

Codierung 23, 25, 27, 82

Computernetz 163, 169

CPU 111, 113, 126, 129

Anhang

D

Datei

    Endung   25, 145

    Format   145, 152

Daten 26

Datenstruktur   30, 130

Datentyp   30

Diffie-Hellmann-Protokoll   191

Digital   15

E

E-Mail   173

Entscheidbarkeit   84

F

Farben

    RGB   147

Feedreader   177

Feld   43

FIFO 32

Grafikkarte   146

Graph 41

H

Halteproblem   83

Hardware

    Hauptplatine   126

    Peripherie   126

    Resourcen   130, 138

Häufigkeitsanalyse   188

HTML   176

HTTP 174

Hypertext   174

I

IMAP 173

Index 43

Information   26

Instruktionssatz   113

Internetschicht   169

Interpreter   107

Interrupt   135

IP-Adresse   170

K

Kanten   38, 41

Keller 35, 131

Klartext   185

Knoten   38, 41

Kompression   152

Konstante   101

Kritischer Abschnitt   141

L

Laufzeit   86

Leitungsvermittlung   165

LIFO 35

Link 174

Liste 35

Stichwortverzeichnis

M

MAC-Adresse	170
Maschinencode	115, 99
Millenium-Problem	89
Modell	
Abstraktion	58, 128

N

Nachricht	26
Nebenläufigkeit	138
NP-vollständig	88

O

One-Time-Pad	189
Operationen	30

P

Paketvermittlung	165
Palindrom	80
Pixelgrafik	145, 149
Podcast	178
POP	173
Port	171
Portal	178
Problemgröße	50
Programm	99, 101, 113, 145
Prozess	129
Prozessor	
Architektur	114, 128
Geschwindigkeit	118

Prozessor	
Pipelining	119
Pseudocode	104
Public Key	196

Q

Quantisierung	18, 21

R

Radiosity	157
Raytracing	156
Rechengenauigkeit	122
Rechnerachitektur	
Bestandteile	111
Von-Neumann	111
Register	131, 113
Registermaschine	77
Rendering	157
Routing	172
RSA	196
RSS-Feed	176
Rundreiseproblem	87, 91

S

Sample	17
Samplingfrequenz	18, 21
Scanner	145
Schaltungen	99, 110
Scheduler	133
Schichtenmodell	166

205

Anhang

Schlange	32, 132
Schlüssel	185
Semantik	102, 103
Semantisches Web	180
Semaphor	141
SMTP	173
Software	97
Sortieren	49, 54
Sortieren	
Mischsortieren	55
Soziales Netzwerk	177, 178
Speicher	99, 111, 115, 126
Sprache	71, 80
formale	97, 99
Maschinensprache	99
Programmiersprache	97, 100, 101
Sprite	148
Struktogramm	105
Substitution	187, 188
Suchbaum	39
Syntax	109, 110
System	
eingebettet	64, 123

T

Takt	118
TCP/IP	168
Teile und herrsche	50, 54
Transportschicht	170

Turingmaschine	78, 82, 111
Twitter	177

U

Übersetzer	99, 109, 113, 137
Übertragungsweg	163
URL	175

V

Variable	101, 150
Vektorgrafik	153

W

Warteschlange	32
Web 2.0	176
Wiederholung	52, 105, 113
Wiki	178
Wisdom of the Crowd	180
WWW	174

Z

Zahlsystem	
Binär	19
Hexadezimal	25
Zeichensatz	
ASCII	23
Zeitscheibe	133, 139

Stapelverarbeitung - (batch processing).

Spooling (Zwischenausgabe von Druckerdaten auf
Magnetband mit verzögertem, parallel
möglichem Drucken)

Segment : Offset.   (16 Bit)

2F10 : 87A1.

Adresse $_{\text{physisch}}$ = Segmentselektor $_{\text{logisch}}$ · 16 + Offset $_{\text{logisch}}$

$0 \times 2F10 \cdot 16 + 0 \times 87A1$

$= 0 \times 2F10 \cdot 0 \times 10 + 0 \times 87A1$

$= 0 \times 2F100 + 0 \times 87A1 = 0 \times 37 8A1$

i386 (IA-32), Erweiterung der Befehlsätze von
8086 und 80286 auf 32 Bit.